这样带团队，主管不用做到死

高伟/著

民主与建设出版社 博集天卷 CS-BOOKY

图书在版编目（CIP）数据

这样带团队，主管不用做到死 / 高伟著 . -- 北京 : 民主与建设出版社 , 2014.5

ISBN 978-7-5139-0347-9

Ⅰ . ①这… Ⅱ . ①高… Ⅲ . ①企业管理—组织管理学 Ⅳ . ① F272.9

中国版本图书馆 CIP 数据核字（2014）第 080806 号

出 品 人　许久文
责任编辑　王　颂
封面设计　主语设计
版式设计　张丽娜
内文排版　百朗文化
出版发行　民主与建设出版社
电　　话　（010）59417745 59419770
社　　址　北京市朝阳区曙光西里甲 6 号院时间国际大厦 H 座北楼 306 室
邮　　编　100028
印　　刷　北京天宇万达印刷有限公司
成品尺寸　787mm × 1092mm
印　　张　15.5
字　　数　210 千字
版　　次　2014 年 6 月第 1 版　2014 年 6 月第 1 次印刷
书　　号　ISBN 978-7-5139-0347-9
定　　价　35.00 元
注：如有印、装质量问题，请与出版社联系

这样带团队、
主管不用
做到死
目录
contents

Part 3 管理篇：如何做好授权和监督？_ 057

Part 4 沟通篇：如何让内部交流更畅通？_ 083

激励篇：如何让每个员工都卖命？_ 109

惩罚篇：如何做好员工的负激励？_ 131

治人篇：如何搞定难以搞定的员工？_ 151

卓越管理者的100个黄金原则_ 215

世界500强团队建设的13个经典游戏_ 223

你的管理需要升级

这本书的写作初衷，源于我所崇敬的现代管理学之父彼得·德鲁克的一段话。他在北大光华管理学院德鲁克研究会的开幕词中这样写道：“管理者不能依赖进口，即便是引进也只是权宜之计，而且也不能大批引进。中国的管理者应该是中国自己培养的，他们深深扎根于中国的文化，了解并熟悉自己的国家和人民。只有中国的人才能建设中国，因此快速培养并使卓有成效的管理者迅速成长起来是中国面临的最大需求，也是中国最大的机遇。”

的确是这样的。足球、篮球我们可以靠外援，但管理不同。只有深谙中国传统文化，能读懂中国和中国人的管理者，才能管好中国企业。也就是说，中国的企业管理，只能依靠一大批中国本土的管理者自己成长起来。

然而，现在的实际情况怎样呢？

虽然我看到国内涌现出了不少出色的职业经理人，但从整体情况来看，大部分民营企业中的中小企业管理者，严格来说还是相当幼稚的。他们虽然会借用一些管理理念，引用很多管理手段，甚至自己提出一些管理策略，但连最基本的管理训练都没有进行。据我了解，很多中小企业招聘新员工之后，没有系统的入职培训，只会简单地给他们开个会，讲讲企业的历史和制度，顶多交代老员工传帮带。至于新人承担的工作任务要在多长时间内上手，该达到怎样的程度，没有科学、合理的标准。而随着企业的发展，这种情形是很危险的。

所以我认为，自己要做的这件事情是很有意义的，我愿意用自己的经验帮助更多人。

我曾经在美国500强企业、国内知名外企、国内大型国有企业做过管理工作，还在国内企业进行过管理咨询工作，曾为多家企业进行培训和指导。虽然不敢与彼得·德鲁克、彼得·圣吉、迈克尔·波特、赫伯特·西蒙、詹姆斯·柯林斯、菲利普·科特勒等大师相提并论，但我相信，自己的优势在于接受了系统的西方管理学教育，有丰富的中西方企业管理经验。同时，作为一个中国人，我更了解中国，更能把中国传统文化与西方管理理论相融合。

用另一位管理大师彼得·圣吉的话来说："中国传统文化的演进途径与西方文化略有不同。东方的传统文化仍然保留了以生命一体的观点来了解万事万物运行的法则，以及对奥妙宇宙的万有本源所体悟出的精明而深广的古老智慧结晶。而在西方文化中，则倾向于看见由一件件事与物所组成、形成的世界。西方深信直接、简易的因果关系，不停地寻找能够解释一切问号的答案。"他还说，东西方文化的差异，在管理——有目的、有组织、有系统的活动行为中，有着不尽相同的表现。

事实就是这样，在管理实践中，中西差异处处可见。比如，在企业管理中，中国人更注重和谐、关系、人情，西方人更注重原则、过程、细节。我们的文化差异直接决定了思想与行为差异，也直接决定了管理手段的效果。所以，如果说在美国做管理时，我更多地借鉴了西方管理学理论，那么在中国做管理时，我的导师很多时候还要加上诸子百家。

所以，在这本书里，我不会跟大家过多谈论具体的管理方法。说起管理方法，实在太多了，我们常常听说的就有走动式管理法、忠诚管理法、印象管理法、一分钟管理法、韦尔奇式管理法、损益控制法、柔性管理法、人性化管理法、渠道管理法、临时管理法、基于价值的管理法、海豚式管理法、倒金字塔管理法、抽屉式管理法等，数不胜数。我并不打算向大家介绍这些管理方法的优劣和使用环境，只给你们提供让管理更有成效的思路。

在中国，如果你想成为一名出色的管理者，不能照搬西方的管理制度，也不能完全遵循中国传统的道德化、情感化逻辑办事，中西合璧才是较好的选择。所以，我希望自己多年积累的管理经验能为你的管理实践扫清一些障碍，帮你把握面前的每一次机遇和挑战，帮你赢得每一场战役的胜利。

Part 1

你是一位管理者，是部门主管，没错，可是这些称谓都只是一种身份，它的所指并不明确。你有没有想过，身为管理者，你在自己的团队中扮演的是什么角色？而你最应该扮演什么角色？人贵有自知之明，贵在给自己一个准确的定位。所以，迅速找准自己的角色，才能让自己、让下属都对你的身份产生认同，进而顺利地开展管理工作。

如何迅速找准你的角色？

1. 给你一个团队，你的角色是什么？

“给你一个团队，你的角色是什么？”

第一节课上，我经常会问学员这个问题。不管是初出茅庐的毛头小伙子，还是久经沙场的职业经理人，面对这个问题时往往会微微一愣。为什么呢？太简单了。

可是，这个最简单、最基本的问题，大家给出的答案并不尽如人意。“管理者”“经理”“中层领导”“队长”“联络员”“谈判专家”……这些都是常见的答案。也有一些学员显然读过管理学著作，会给出非常系统的回答，一、二、三、四……列出十余条。

我首先必须肯定这些答案都没错，但没错不代表就是对的，至少不代表对你来说是对的。假如给你一个团队，你要扮演的角色绝不简单，但也不一定有那么复杂。

但是，不管是简单还是复杂，我们一定要清楚自己在团队中的角色。因为管理其实就是一场表演。假如连自己将要扮演的角色都不清楚，怎么可能演好呢？

我们常说人贵有自知之明，这个“自知之明”除了对自我才能、品性的认识之外，还包括自身的角色意识。在团队中，站在舞台中央的你，一举一动都传递着某种信号。一言一行都要与自身的身份相符，都要符合大家对你的角色预期。

那么，我们现在回到起初的问题，你在团队中的角色是什么？

回答问题之前，我先来讲一个故事吧。

之前我有一位学员叫 Richard（理查德），他在德国取得了博士学位，回国后在一家大型企业的研发部门工作。读博期间，他在自己的研究领域就颇有建树，所以他从事产品研发这份工作可以说是如鱼得水，屡屡有新专利问世。鉴于他的优秀表现，上司决定升他为研发部门经理。征求他的意见时，踌躇满志的他毫不犹豫地答应了。

然而成为经理之后，Richard 发现事实和他想象的完全不同。作为经理，他不得不放下自己喜欢并且擅长的研究工作，开始转向完全陌生的事务管理。他说，作为一个学者型人才，从小到大，他一直是典型的“学霸”，后来又在国外待了几年，对国人之间复杂的人际关系一窍不通。简单来说，就是不通人情世故。

刚上任不到一周，一言不合，Richard 和销售部门经理发生了争执。然后，一位工作年限比他长的下属员工直接绕过他向总经理汇报工作，以至于后者对他很不满意。之后他遇到难题找总经理求助时，对方只是简单地告诉他，这是他自己要想办法解决的问题。就这样，上任一个月，他发现身边矛盾重重，做什么事情都极不顺利，似乎所有人都在跟他作对。他自己本来正着手研究的一项工作也被耽误了……

Richard 告诉我，当时他非常怀疑自己的能力：“我真的适合做经理吗？我是不是应该老老实实做我的研发工作？”

事实上，Richard 之所以出现这种问题，不是因为真的缺乏管理能力，也不是因为社交能力差到不足以应付日常交际。这些问题之所以在他担任经理之后集中涌现，主要是因为他对自己面临的新角色不适应，因而新的身份与旧的认知之间产生了冲突。

要知道，把一个团队交给你，你应该扮演的角色绝对不仅仅是指挥家、监督者与教练。我们想想看，在家庭中，对于妻子来说，你是丈夫；对于

孩子来说，你是父亲；对于父母来说，你是儿子；对于邻居来说，你是户主……所以在团队中，你扮演的角色也是相对而言的。

首先我们要明确一点，作为团队的核心人物，你在下属面前，代表的是整个公司；在上司面前，代表的是所有下属；在同僚面前，代表的是所属部门。在不同对象面前，你所代表的这些形象，决定了你的角色既要像鹦鹉学舌一样传递员工的声音，也要像黄莺一样用动听的言语来激励下属；既要像狮子一样有坚毅睿智的决断，也要像绵羊一样温驯地接受安排；既要像老黄牛一样忍辱负重地面对工作任务，也要像狐狸一样机灵地接待客户；既要像国宝一样用亲和力让同僚喜欢，也要像猛虎一样用威严让其他部门敬重……也难怪 Richard 难以适应这种复杂的角色。

事实上，给你一个团队之后，作为管理者，你要成为这个团队中最有活力、最了解基层情况、最能领会领导决策的桥梁与纽带。围绕这一承上启下的地位，会衍生出种种角色。比如，在执行任务时，你要做监督者；在面临风浪时，你要做船长或者舵手；在面临激烈竞争时，你要做骁勇善战的将军；在新人面前，你要做导师、教练；在日常工作中，你要做榜样，等等。

现在你应该明白了，我一开始的提问，本来就没有标准答案。面对不同行业、不同性质的团队，面对不同情形，你要扮演的具体角色是随时变化的。我们要做的是经常问自己：在这个团队中，在面对这个人时，在处理这件事时，我要扮演什么角色？

在你的管理生涯中，能意识到这个问题，能做到这一点，就是一个很好的开端。

2. 团队不光是你的下属，更是你的事业资本

我们在定位自身角色时，除了要考虑你在这个团队中扮演什么角色，还要考虑，对你来说，团队其他成员意味着什么？你会怎样定义他们的角色？

我想告诉大家的是，团队其他成员不光是你的下属，更是你的事业资本。

假如你是销售经理，让你列举自己所拥有的资源，你可能会想到产品、个人品牌、公司制度政策、渠道、客户等。但你会想起自己的下属吗？事实上，产品是死的，品牌是虚的，制度是别人制定的，渠道和客户是靠你的下属开发并且维护的。身为销售经理，团队成员是最具主观能动性的，也是你所拥有的最重要的事业资本。

看起来这似乎是一个再平常不过的道理，根本不值得浪费笔墨。但我们常常在一些最简单、最基本的问题上犯错误，不是吗？

不管在中国，还是在美国，我亲身经历过、亲眼看到过不少管理者，他们有的飞扬跋扈、滥用职权，以致团队成员怨声载道；有的凡事亲力亲为，“鞠躬尽瘁，死而后已”，但业绩非常有限；还有一些国内管理者，由于团队成员是以前的同事，碍于情面，疏于管理，结果团队成员各行其是，无法有效整合资源……我们都很清楚，这些是反例。

没有团队的支持，身为管理者的你，工作会寸步难行。

作为管理者，我们只有角色定位准确，对自己的工作摆正心态，对团队成员客观认识，才能充分发挥他们的价值。在此基础上，你才能告别单打独斗的日子，才能让自己拥有进一步的发展空间，才能让自己成为真正的管理者或者创业者。

二十年前，从斯坦福毕业后，我去了硅谷一家普通的 IT 公司，做了一名

普通的职员，具体职位是程序员。埋头苦干两年之后，对工作已经驾轻就熟的我开始反思，那些年龄比我大、能力比我强、经验比我丰富的同事，依然在每天兢兢业业地写程序。他们虽然非常勤奋敬业，但由于年龄渐长，对硅谷高强度和充满挑战的生活节奏，明显有些力不从心。十年后，难道我也会这样吗？

认真反思了很久之后，我意识到，一定要让自己从技术型人才向管理型人才过渡。中国有句俗话叫“浑身是铁，能打多少钉”，即便你是超人，能做的事情也是有限的。所以，我一定要让自己拥有更多资本。也就是说，我要让更多人为我工作，帮我成长、成功。

自此，我开始把工作之余的所有时间都利用起来学习管理知识和技能。相信大家也看到了，我的努力没有白费，否则今天我也许仍在埋头写程序，整天担心自己的工作会被新来的年轻人取代。幸好，我及时并且成功转型为一名管理者，让自己的发展有了更坚实的平台。

当我在自己的职业生涯中成功实现一次又一次突破之后，我更加确信自己的这一认识：在你所处的团队中，下属绝不是与管理者对立的被管理者，他们也绝不仅仅是地位低于你的“下”属，他们更像是你的合作伙伴，是你攀登的阶梯，是你事业成功的资本。

至于该怎样合理利用这些资本以获取收益，在“带队篇”中我会详细讲述。现在我想指出的是，要想让企业的这些“固有资产”成为你的“有效资本”，至少要做到以下四点：

第一，尊重每一位团队成员。

第二，善待每一位团队成员。

第三，帮助每一位团队成员。

第四，培养每一位团队成员。

为什么要这么做呢？

道理很简单。假设你有一只生金蛋的鸡，那你是不是要精心饲养、耐心呵护它呢？同理，作为你的事业资本，你的团队成员在为你创造价值的同时，他们本身也要保值、增值。这样一来，你所拥有的资本升值了，你是不是也就拥有了更多资本？

所以，只有做到以上四点，在此基础上，这些团队成员身上的有形资产和无形资产才能充分展现，并且为你所用。

当然，最后，还有重要的一点，大家应该很清楚，资本投资要有长远眼光，所以，你也要关注长期的、可持续的成功，而不是急于求成，贪图一时之利。

3. 熊要有个熊样，主管要有主管范儿

我们都知道，美国的企业文化相当自由宽松。当初我在硅谷工作，很多同事都是穿拖鞋上班的。很多公司对员工的着装都没有硬性要求，穿拖鞋、短裤上班是被允许的。而谷歌（Google）的员工更具特色，他们中的很多人都踩着电动滑板上下班，因为那是他们的交通工具。你能想象在上班时间踩着滑板穿梭在大街小巷吗？这不是天方夜谭。

但是，在这样一幅看似人人自由平等的图景背后，主管呢？身为管理者的他们是以什么形象出现的呢？

在美国，很多员工升任主管之前都要参加培训，其中一项就是气质培训。大家可能对美国公司不够了解，那么我们想想自己身边的主管。那些在你心中可以拿到良好以上分数的管理者，他们有哪些共同特质呢？

培训课上，我曾跟学员讲过这样一个笑话：“有一天，儿子对爸爸说：‘爸爸，给我买点儿酒来，我要喝！’爸爸问喝酒干什么，儿子说：‘这道题

做不出来了！’爸爸不高兴了：‘喝酒就能做出来吗？’儿子回答：‘你不是说，什么难题一喝酒就解决了嘛！’”

这是个不太好笑的笑话，甚至会让一些人感到不大舒服。为什么呢？这种不能约束自我言行以至于损害形象的事，在很多人身上都曾出现过。人非圣贤，我们不该苛求大家有完美的表现，但是作为主管，是身处聚光灯之下的，一言一行都被下属看在眼里、记在心里。就像笑话中的爸爸一样，一些不恰当的言行不仅会让自己失去威信，更会出现“上梁不正下梁歪”的糟糕局面。

我在企业里走访的时候，经常看到一些中层管理者，他们缺少主管应该具有的形象和气场。这样，一方面让员工觉得他们缺少威信，另一方面，在对外合作中容易显得公司不够职业化。

虽然不同的管理者由于所处领域以及个人性格等原因，必然会表现出不同的管理风格。有人是专制型，有人是权威型，有人是亲和型，有人是民主型，有人是领跑型，有人是教练型。我们也没理由要求银行主管与娱乐公司主管拥有相同的气质形象。但只要是主管，就要有主管范儿。

什么是主管范儿呢？

简单来说，就是一种气场，一种人格魅力。这种范儿绝不仅仅是穿着打扮以及日常的言行举止，它还包括心理气质、思想品格、知识水平、能力作风等多方面。把种种要素归纳起来，可以归结为行为规范和自我约束能力，因为这些都是它们的外在综合表现。

比如穿着打扮，就是一种自我规范和约束。假如你是艺术家，不修边幅没问题，那是张扬个性的一种手段。假如你是主管，就别穿得太“引人注目”。我们知道，“小超人”同时也是IT精英的李泽楷喜欢以T恤衫、牛仔裤、板寸头的形象示人，但你是否知道，在面对投资人的时候，他也会西装革履，让自己显得沉稳成熟？

在讲到这一点时，曾经有学员质疑：那么，桀骜乖张的拉里·埃里森是不是反例呢？他狂放不羁、飞扬跋扈、气焰嚣张、专断独裁，丝毫看不出约束自己的痕迹。可是，谁也不能否认他是位成功的企业家。

没错，这位甲骨文公司的首席执行官在硅谷是出了名的“坏孩子”。他极具侵略性，咄咄逼人，行事方式近乎疯狂。可是大家有没有想过，在这些乖张行为的背后，他有着令人叹服的细致与精明。正因为这样，他才能拥有傲视众人的成就。也正是这样辉煌灿烂的业绩，才让他这些令人不敢恭维的性格变得迷人。

然而，拉里·埃里森只有一个，他更适合作为创业者来谈论，而不是管理者。身为主管的我们，往往是中高层领导，埃里森的案例不足以引为范本。作为中高层领导，上有上司，下有下属，我们必须也不得不约束自己，让自己的举手投足都能彰显出身份与地位。

要想拥有主管范儿的你，至少要从品格、能力、风度三方面来打造自己的形象。到底要打造出怎样的形象，取决于你的工作性质和个人性格。不管是什么样的主管，为了自身形象，我们都要做到以下几点：

1. 针对不同对象设计不同形象；

2. 具有坚强的信念、坚定的自信；

3. 让下属感觉到你的公平；

4. 懂得换位思考，体察人心奥妙；

5. 发掘员工的长处，使员工各展所长。

假如一定要从所有素质中选择最重要的一种，那么我给你的答案是——自信，恰到好处的自信。

我曾经看过哥伦比亚商学院教授丹尼尔·埃姆斯（Daniel Ames）博士和斯坦福商学研究所教授佛朗西斯·弗林（Francis Flynn）博士的一项研究，结果显示，最好的管理者，就是那些拥有适度自信的人。

对于主管来说，如果你呈现给外界的形象是一道佳肴，那么自信就像盐，恰到好处并不能引起赞赏，甚至不会让人有所察觉。只有在多了或者少了时，才能引起人们的注意。可是，你能想象一道菜里面不放盐的滋味吗？这就是自信，一个老生常谈的话题，但请你务必加以重视，如果你想要拥有主管范儿的话。

4. “管人、理事”才是管理，两者都很重要

在一次培训课上，一位公司老总跟我讲了这样一件事：

他的销售经理几天前跟他请示，说销售部要开除一名员工。原因是这个人跟其他同事关系太差，导致部门气氛不够和谐。可是，他很清楚，这位员工的销售业绩一直是最好的，该怎么办呢？

细究之下老总得知，销售部的其他员工认为，这个人总是抢走他们的订单，因此才导致他一枝独秀，别人业绩不佳。而这个人不这么认为，他说，自己是足够努力才有了今天的成绩，而别的同事是出于忌妒才这样中伤自己。

就这样，这位员工和整个部门的同事僵持起来，关系紧张。于是，这位部门经理建议，把这位员工赶走好了，这样就可以让销售部恢复先前友好团结的工作氛围。

这位老总觉得销售经理的话也有道理，毕竟，一个人的业绩与十几个人的工作积极性相比，还是后者更重要。可是他又觉得，既然这位员工业绩最优秀，就这样把他赶走，是不是太可惜了？

我问这位老总，据他了解，这位员工除了人际关系处理得不好，在人品上存在问题吗？他说，没有，不过性格有点儿问题，有点儿张扬，带刺儿。

我告诉他，问题出在你的销售经理身上，他没有尽到管理者的责任。

“可是，上任以来，他挺认真负责的啊，事情一向做得滴水不漏。当初也是公司的业务骨干，就是这一回的事，让我觉得不太妥当。”这位老总疑惑地说。

我说：“在很多企业都会出现这种现象，把普通职员提升为部门主管后，企业失去了一名出色的业务骨干，得到了一个如同鸡肋的平庸经理。您那位销售经理上任应该没多久吧？他还没有完成职位角色转换，没有学会做一名真正的管理者，他只会理事，不懂管人。”

人与人之间的矛盾，在每一个组织内部都会出现。如果一旦出现问题，就简单粗暴地把责任归结在某一个人身上，然后把他开除了事，这是一个成熟的管理者会做的事情吗？这样不会管人的结果就是，组织内部看似一团和气，但由于缺乏不同的声音和竞争，导致组织缺乏活力，因此业绩往往不太令人满意。

什么是真正的管理者？从字面意思我们就知道，一要“管”，二要“理”。“管”是管好人员，“理”是理清事情。

可是据我了解，有的主管专注于追求做事，缺乏对人员积极性的调动和员工能力的培养，这样的团队缺乏活力，不能进步；而有的主管则太偏重员工管理，有一些大家长的风范，这样当然也不对。正确的做法是将两者结合起来，既然是管理，自然要既管又理。

这里的“管人”，并不是对别人指手画脚、呼来喝去，而是“管理人心”。它意味着管理者要以身作则，达到“其身正，不令而行”的效果；它意味着管理者要和下属融洽相处，包括那些你不太喜欢的人也要管好；它意味着管理者要知人善任，让合适的人处在合适的位置；它意味着要学会授权，让下属可以放开手脚做事；它意味着要懂得激励，熟练掌握批评与表扬的艺术；它意味着要承担责任，帮下属解决问题……在知识经济时代，“人”一点儿都不好“管”。

至于“理事”，我们可以先来看“理”字。这个字很妙，它意味着梳理、整理、疏导，让杂乱无序的事务变得有条不紊，这也就是“理事”的目标。首先我们要考虑自己管辖的事范围有多大，分别是哪些，想要达成什么目标；然后要考虑确定组织架构，分而治之，还要确定哪些事情无须自己亲力亲为；要确定具体岗位，以及交给下属去做的事情该如何分配；如何既不妨碍员工的自主性，又能很好地监督工作流程，确保工作质量；如何设定绩效考评和激励机制，提升员工的工作积极性……总体来说，“理事”主要是在梳理流程。

管人和理事分别需要哪些技巧，我会在后面的内容中讲到。这里我想强调的是，虽然表面上看起来，“理事”似乎要比“管人”难，但事实上，理事是一门科学，有章可循，有理论可依，有案例可效仿，有工具可使用。所以，只要管理者肯认真学习，假以时日，理事一定不成问题。而管人是一门艺术，它需要经验和领悟，很多时候靠感觉，难以量化，没有标准，简直称得上“运用之妙，存乎一心”，所以更考验我们的管理水平。

正如一开始案例中的那位销售经理一样，他可以有效地理事，却不能很好地管人，所以就不能称为合格的管理者。

不过大家也不必担心，虽然人和事千变万化，但简可以驭繁，说到底，管理并不难理解，它只要你做好两件事——管人和理事。牢牢记住这一点，至少你可以避免成为失败的管理者。

5. 如果你是“空降兵”，就不要着急去吃“热豆腐”

当你孤身一人到达一个陌生的地方时，首先会做些什么？我相信你一定会先观察环境，了解自己的处境。如果你是个聪明人，还会保持处处留心的好学态度，以及时时刻刻衡量自己与身边其他人的距离。

那么，如果你是以主管的身份，独自一人来到一个新的工作环境中呢?

让我先来为各位描述一下“空降兵”所面临的处境吧：走到哪里都是陌生的脸孔，这些微笑面容的背后，有冷漠，有忌妒，有蔑视，有好奇，有看戏，还有期望；在日常工作中，每一位和他接触的员工都存在真真假假、虚虚实实、或多或少的试探，一点儿都大意不得；在工作环境方面，每一个群体中都有若干潜规则，而这些东西没有人会告诉一个初来乍到者。在这个陌生的地方，面对那些虚无缥缈却实实在在影响着我们的潜规则、企业历史和传统以及企业文化，你不得不求助于时间，希望自己早日融入其中。

或许你会说，自己从事管理工作多年，经验丰富，什么场面没见过？各家企业可能具体情形不同，但是换汤不换药，能有什么本质差别呢？要紧的是，尽快做出一番成绩给大家看，让所有人心服口服。

在一次培训课上，面对一位经理的上述质疑，我跟他讲了一个小故事：

我在美国有一栋漂亮的小房子，母亲第一次探亲时，对房子赞不绝口。但她到来的第二天，我就不得不出差了。一周后等我回到家，原本略显凌乱的房间被整理得井井有条，母亲很自豪，我也很满意。

可是当我看到小花园时，傻眼了，里面整整齐齐种着母亲喜欢的玫瑰花。母亲说，小花园里原来的那些花看起来奇形怪状，而且我的布局不够合理，看起来“乱七八糟的”。我承认那是事实，可母亲不知道的是，那些看起来“奇怪”的花，有不少是很名贵的，有一些还是朋友馈赠的珍稀品种。

的确，她是我母亲，有权打理我的住所。在家务方面，她也经验丰富。可是，连状况都搞不清就贸然下手，会不会干出一些让自己后悔莫及的事情呢?

现在回到“空降兵”身上，所谓心急吃不了热豆腐。买一辆新车尚且需要一个磨合期，更何况团队呢？虽然看起来“新官上任三把火”是天经地义的，但火如果烧得不当，恐怕就会引火烧身。

我经常告诉“空降兵”们，你一定要记得自己降落的目标和肩负的使命。企业请你来，是想让你为他们带来更光明的未来，而不是让你来改变他们什么。即便你认为更美好的未来离不开大刀阔斧的变革，也不要急于整改，你的当务之急是融入这个团队中。

第一，你要去拜访老总。

除非你是运筹帷幄的诸葛孔明，否则坐在宽敞舒适的办公室里是无法决胜千里的。拜访老总是为了获得他更多的信任和支持，让他给予你一定的权限，满足你的某些要求。同时，明确老总对你的期望以及自己今后的努力方向。

第二，与部门员工深入沟通。

与员工沟通也是为了获得他们的信任和支持，避免他们对新领导产生抵触或质疑情绪。同时，在交谈中获取公司的具体信息，对部门成员间的人际关系有初步了解。

第三，拜访副总和与你同级的其他部门负责人。

这时候，大家要牢记一个原则——多微笑、多倾听、多观察。跟副总和其他部门领导人可以不谈工作，只聊家常，目的是深入了解个人的性格以及爱好。当然，如果谈到工作，你就必须保证自己足够专业，给大家留下平易近人、能干负责的印象。我要提醒大家的是，在起初的交往中，不要轻易褒贬，尤其不要随意批评别人，也不要发表针对性强的意见。

第四，熟悉新企业的工作流程与业务开展模式。

不要以为自己对这一行业足够熟悉，对这些具体工作内容已经了如指掌。每一家企业都有自己的情况，你必须在原有业务知识和管理经验的基础上，对新企业的内外部业务以及工作制度和工作流程进行梳理，分析其利弊。

在此基础上，你才可以有所作为。但这并不意味着你就可以放开手脚、大刀阔斧地大干一场，因为不管你设计的整套方案多完美，都是在大家现有工作基础上的额外负担，这样是很难受到欢迎的。除非你非常确定自己能得到老板 100% 的支持，并且坚定不移，否则，哪怕是 99.99% 的支持都不行。

因此，在了解公司的人际关系、企业文化、工作流程等情况的基础上，你才可以着手开展管理工作。对此，我有如下建议：

对元老不远不近，与同级别主管拉近关系；

与年长下属沟通，给他树立起升职的希望；

对刺头杀一儆百，用好你自己手中的权力；

方案分步骤执行，须确保老板有信心耐心；

随时都伺机而动，找准机会办一些漂亮事。

6. 不赚钱的商人“不道德”，没成绩的管理者不可留

在国内进行管理咨询时，我常常会问管理者这样一个问题：你们都有哪些业绩呢？

我期望听到的答案是：我为公司利润提高做出了哪些贡献，创造了哪些收益。而且这些陈述，最好是有数据的那种。

可我听到的答案常常是这样的：我花了多少时间去跟大客户联系，我多么废寝忘食地管理部门，我如何巧妙地解决了下属间的人际纠纷，我所在的部门员工人人都尊重我……

对管理者来说，这些是业绩吗？它们可以说是成绩，但不是业绩。

大家都知道，中国人做中层很注重上下级的人际关系，其实美国人也是

如此，绝大多数人都希望建立和谐融洽的人际关系。这样做没错，“管人”是管理的两大内容之一。问题在于，衡量一个管理者是否优秀，在于他的团队成绩是否能够达到上一级管理者或老板的认可。不管部门内部气氛多么融洽，如果没有业绩，一切都是空话。

而且，管理者如果没有业绩，你的部门在其他部门面前会自然而然低人一等，而你的员工也不会真的服你。

德鲁克是我非常欣赏的一位管理学家，他有一种观点，认为“管理者的权利是由其所担任的职务决定的，由其要完成的目标决定的，由其所承担的责任决定的。每个企业的管理者无须对上司的命令负责，而应该对要完成的业绩负责”。我认为这话说得非常到位，没有成绩的管理者，首先就是不负责任的。

身为管理者，你必须始终牢记，企业聘请你的目的是为了获得更多的利润，我们的一切行为都要以此为出发点和落脚点。

事实上，管理只是一个过程，它最终总要有一个结果。而这个结果，才是衡量管理水平的砝码。管理可以没有对错、没有规则、没有输赢、没有英雄、没有智者、没有天才，但一定要有业绩。好的管理，需要对绩效负责。

在过去二十年间，不管在美国还是中国，我总会听到类似“我把自己的一生都贡献给了它，没有功劳也有苦劳”这样的抱怨。每当这时候，我总会忍不住地想：“哥们儿，我只要功劳，请给我结果。”

想想看，假如你是老板，愿意要一位工作态度良好但能力平平的管理者吗？要知道，在商业市场滚滚向前奔涌的洪流中，止步不前就意味着倒退，没有业绩就意味着浪费资源，没有功劳就意味着不称职、有过错。显然，老板不会认同“有苦劳”这样的申辩。

说到底，企业与你之间，本质上是一种利益交换关系，不能带给企业利益的管理者，对企业来说是完全没有价值的。

或许你觉得态度决定一切，但我想告诉你，没错，态度决定一切，但在企业管理中，结果说明一切。因为没有结果就意味着没有利润，没有利润就意味着企业面临灭顶之灾。

我也曾跟另一位业界同行讨论过这个问题。或许因为他是在德国留学并且工作多年，观点和我有所不同。他认为，管理者要严谨地关注细节，管理好每一个流程，这样才能出好结果。

他的观念我不认为有错，但我有不同见解。在我看来，关注过程，要建立在关注结果的前提之下。我不认为做好每一个细节、每一步流程，结果就会好，所以不管是关注细节也好，关注流程也好，都要时时刻刻牢记结果导向，以结果为准绳来调整每一步。

或许你觉得自己在工作中已经花费了很多心思，但就是不见开花结果。那么，是时候反思你的管理理念、管理技巧与管理能力了。不要找任何借口，企业内部存在的各种问题、老板蛮不讲理瞎指挥、下属及同事不够配合、市场大环境不景气……这些通通不是理由，它们不是你没有业绩的理由。

为什么呢？不是我不通情理，只是，有人说，如果现在把全世界的财富平均分配给每一个人，那么十年之后，这个社会的贫富差距，依然会像今天这样大。这话我相信。

把同样的资源交给不同的管理者，结果会有天壤之别。这说明了什么？你没有任何借口，一名出色的管理者，能够在有限的人力物力条件下，动用尽可能少的资源达到预期目标。这也正是管理的价值所在。所以，倘若业绩欠佳，那么管理者不该找任何借口，只有调整自己重新出发。

7. 该你去做“放大镜”时，你就不要做“望远镜”

在管理中我们要动用很多工具，“放大镜”和“望远镜”都在其中。什么意思呢？

我们先来看“望远镜”。大家都知道，拿着望远镜看风景，视野会非常开阔，我们也会看得更为长远。因此，在管理工作中，如果某个环节出了问题，我们不能只对这一个环节进行调查分析。虽然这样可以暂时解决问题，但下一次依然会出现同类问题。而且，很有可能治好了瞎子却变成了瘸子，解决了甲问题，乙问题又浮出水面。这时候，我们就要动用“望远镜”了，它可以帮我们纵览整个流程，用系统、整体的眼光看问题。当我们把局部问题放到整体视野下去看时，相信你会看到不一样的情形，会拿出更能统筹兼顾的解决方案。

至于“放大镜”，就完全不一样了。用望远镜看时，山如眉黛，波平如镜，令人心旷神怡。可是如果用放大镜看呢？一个美女，不管多么貌若天仙，肤如凝脂，倘若你用哪怕仅仅是放大五倍的放大镜去看，相信一定会对她的皮肤有新的认识。

或许你会说，何苦用放大镜来看美女，这不是自己找不自在吗？没错，你无须用放大镜看美女破坏自己的心情，但你非常有必要用“放大镜”看工作以提升自己的业绩。

假如说你所在的团队是一座金字塔，那么身为管理者的你位于塔尖，团队其他员工是塔基。如果根基稳固，那么塔尖即使有点儿问题，整座金字塔也依然会屹立不倒。可如果塔基出现问题了呢？那么不管塔尖的你如何努力，金字塔也会摇摇欲坠。所以，除了提升自身能力素质之外，你必须严格管理团队成员，把所有可能出现的问题都尽可能考虑到，以便让塔基足够稳固。

这就要求我们必须有足够的洞察力，对细节进行充分关注。

我总是这样跟中层管理者讲："我不相信这个世界有太多偶然和意外。除了某些不可抗拒的因素之外，世上绝大多数的偶然和意外都是因为我们考虑不周。"虽然你可能觉得这话过于偏激，但请你认真考虑一下，在这个不成功便成仁的世界里，你是不是必须以这样的标准要求自己？

所以，在遇到问题时，中层主管要动用"望远镜"。但在日常管理工作中，则要常备"放大镜"。而且，该用"放大镜"时，一定不能用"望远镜"。

刚刚回国时，我对国内企业的很多现象都看不惯。直到今天，有些东西我依然坚持。比如，有一次我应一家企业邀请去做管理咨询。在车间参观时，我看到墙角放着一架梯子，可能是担心大家不小心碰到梯子有危险，梯子上挂了块"注意安全"的牌子。我当即告诉他们，把梯子收起来平放在墙角，把"注意安全"的牌子换成"用完请平放"。

再比如，有一次秘书给我一份资料。我拿到手里第一眼就看到首页有个错字，看都没看，我就要求她拿回去重做。这样的事情多了之后，我找她谈过一次心，问她是不是觉得我太不近人情，对她太苛刻。她没有点头称是，但我能看出来，她觉得自己很委屈。

我告诉她："如果我让你帮我拿杯咖啡，口味错了，没关系，那是我私人的事情，我可以无所谓。但这是工作，工作就一定要认真。或许你觉得这都是小事，根本无关大局。但今天出现一个无关紧要的错字，明天就可能在关键数字上出问题。我是一名管理者，虽然看似工作都是你们做的，但我是最后一道防线。你们忽略的所有细节，我必须放大了来看，这样才能避免真的出问题。我这样说，你能明白吗？"

相信现在大家和我那位秘书一样，能明白为什么我不赞成"成大事不拘小节"这种说法，为什么我一再强调把细小问题放大了看。对主管来说，只有拥有强烈的责任感，你才能随时拿着"放大镜"看问题，才能把祸患尽可能消灭于萌芽，才能把事情做得更到位。

德鲁克有一本著作叫《卓有成效的管理者》，我会推荐给自己认识的每一位管理者，他在书中说："管理好的企业，总是单调乏味，没有任何激动人心的事件。那是因为凡是可能发生的危机早已被预见，并已将它们转化为例行作业了。"如果你能用"放大镜"进行精益求精的管理，相信在你的部门内，就不会有惊心动魄的场面出现。

8. 不要和下属争功劳，越占上风越孤单

有句话叫"高处不胜寒"，很多管理者都深有同感。可是，如果你不想自己太孤单、太凄清，在自己身边能有更多人陪伴，是不是会更温暖一些？

我还在读书时，就听过这样一则笑话，一直让我印象深刻：

有一位富家千金结婚之后，常常在丈夫面前颐指气使，声称家里的东西都是她的，这个家全是靠她才建立起来的。有一天晚上小偷光顾，这位太太推醒丈夫："你快出去看看，好像有贼进来了。"丈夫回了她一句："那又怎样，反正家里东西都是你的，跟我有什么关系？"

虽然只是笑话，可是，大家会不会觉得很熟悉呢？你身边某些管理者身上有没有富家千金的影子？或者，你自己也犯过这一毛病？不管你多么劳苦功高，团队的建立都不是你一个人的功劳。如果你把所有成绩都归功于自己，那么还有谁愿意为你卖力工作呢？

什么才是真正的管理者风范？诸位可以看看艾森豪威尔的故事：

第二次世界大战中，当盟军在诺曼底顺利登陆之后，艾森豪威尔将军作为最高统帅发表了演讲："我们已登陆，德军被打败，这是所有人共同努力的结果，我向大家表示祝贺。"后来大家才知道，他还准备了另一份演讲稿，是为失败而准备的，内容如下："我很悲伤地宣布，我们登陆失败，完全是我

个人决策和指挥的失误。我愿意承担所有责任，并向所有人道歉。”

身为管理者的你，有这种推功揽过的洒脱胸襟和坦然气度吗？倘若没有，说明你还有很大的改进空间。

团队是你的事业根本，是你的价值体现，所以不要想着和团队中的员工去争夺功劳。那样做一方面显得你小气，另一方面也会影响员工对你的忠诚度。

睿智的老子说：“夫唯不争，故天下莫能与之争。”“争”是一种本能，而“不争”则是一种境界。如果你是一位聪明的领导者，应当明白，与下属争功是愚蠢的。因为但凡有点儿管理常识的人都知道，下属的功过，无论你争不争，都与管理者有关系。

十多年前，当我从技术岗位转到管理岗位之后，在Old Spice（一个男性护理品牌）做过一阵子销售经理。那时候我还年轻，犯过很多错误，但没有什么比错误更能教会我们什么是正确的，没有什么比失败更能教会我们怎样做才能成功。所以，我珍惜自己过往的经历，并且拿出来和大家分享。

有一次，我的一名下属斯蒂文获得了一张准订单，金额很大，可是客户方的采购员十分难缠，对价格寸步不让也就罢了，还提出附加赠品等种种苛刻的要求。眼看半个月过去了，原本兴致高昂的斯蒂文垂头丧气地来找我，说这张订单的客户明明有意向，可就是毫无进展。我跟他一起分析了销售的整个流程，意识到问题在于斯蒂文一直在跟客户纠缠细枝末节的问题，没有发现客户潜在的主要心理诉求——担心他之前经常采购货品的那家公司不高兴。于是，我告诉他怎样做才能打消客户的顾虑。

几天后，斯蒂文终于把这张订单拿到手了。那天午饭时间，刚走进餐厅，我就看到一群人围在一起，原来是斯蒂文在向大家讲述自己如何精彩地与难缠客的户斗智斗勇，最终赢得了一张大单。几个新来的销售员专注地听着，一脸敬佩的表情。

可这明明是我的功劳啊！年轻气盛的我走过去，说："斯蒂文，我说的果然没错吧？你看，照我说的，订单很快就拿到了吧？"然后丢下了满脸尴尬的斯蒂文，回自己办公室去了。

路上，我还在为自己聪明地澄清了事实而得意。但坐在椅子上后，我就开始后悔：我怎么可以这么做呢？怎么跟下属争起功劳来了？这样做真的有必要吗？斯蒂文以后还会找我讨论难题吗？如果大家都不再找我商讨对策，部门又会损失多少订单呢？

本来，斯蒂文在我的帮助下拿到了订单，业绩是属于整个销售部门的。销售部门表现良好，也就等同于我领导有方，等同于证明了我的管理能力。我大可不必突出自己的功劳，事实上这是一种不自信的表现。

我相信，在各家企业里，这种愚蠢的错误还在一幕又一幕地上演。"像你们这么干怎么能成？要不是我……"这样的句式我们常常会听到。所以，关于这个问题，我要给管理者一些建议：

1. 当上司表扬你的部门时，不妨推举几位出色的下属。

这样做的好处是：上司认为你心胸宽广；上司认为你领导有方；下属对你心生感激，进而更加努力工作。不要因为下属得到了上司的认可而心理不平衡，因为这样，你已经赢得了下属的信任与支持，在未来的日子里，他们会用更漂亮的业绩来证明自己的能力。

2. 掌握好分寸，在下属面前绝不争功，在上司面前适度表功。

"推功揽过"固然必要，但大家也要掌握好分寸。倘若在自己的上司面前，把所有功劳都归于下属，把所有过错都自己承担，上司可能会觉得你是无能之辈，毫无办事能力。所以，凡事都要把握一个"度"。

3. 多称赞下属："这都是你（你们）的功劳。"

身为主管的你不要吝啬自己的表扬，多称赞下属："这都是你（你们）的功劳。"你认为他们会对你心生反感或者骄傲自满吗？相信我，绝大多数人会因此士气大振，全力以赴地拼搏。相应的，你的前途也会更加光明。

Part 2

任何一个团队都不会是完美的，尤其它还是一个开放系统，随时可能面临人员流动等问题。那么，当你新接手一个团队或者正在管理一个团队时，有没有思考过，一个好的团队应该是怎样的？你想把自己的团队打造成什么样子？你该如何结合自身实际情况打造它？作为“管人”的重要内容，现在，我们先来看一名管理者该怎样“带队”。

带队篇：如何打造一个好的团队？

1. 与狼共舞，就要让自己成为“金刚狼”

每个人都对“打造好的团队”有自己的理解。也许，深受儒家思想影响的管理者会希望团队中的每个人都能成为谦谦君子；受到道家思想影响的管理者会试图无为而治；受到法家思想影响的管理者会制定严苛的规章制度；而受到兵家思想影响的管理者，会像带兵一样用兵法来管理企业……

自然，存在即合理，每一种想法都有它自身的道理。可是，在美国待了多年的我，太明白物竞天择、适者生存这个残酷的生存法则了。每一天当太阳升起时，都会有企业不得不申请破产保护，都会有管理者被解聘，都会有工人失业。

在商业领域中，或许你每天遇到的都是面带微笑的绅士或淑女。可是，揭开温情脉脉的面纱之后，你会看到人与人之间各种错综复杂的利益关系，以及无处不在的竞争与抢夺。你会看到，许多人虎视眈眈，等着你出错，然后抢占你拥有的资源。

而且，不仅整个大环境是这样，在你的团队中也是如此。你所在的企业越优秀，越是大企业、跨国企业，那么你所在的环境也就越“险恶”。你心里很清楚，除了老板，别人似乎都在等待你犯错误。和自己同级别的管理者希望借此反衬出自己优秀能干，而你的下属一个个充满了野心，想要取代你的位置。在这样一个环境中，说你是在与狼共舞，一点儿也不过分。

既然是与狼共舞，你就不能是一只绵羊，而是要让自己变成狼。而且，你毕竟是一个团队的领头狼。那么，你就要做一只“金刚狼”。大家还记得“金刚狼”罗根吗？这位X战警中的一员，除了双臂天生拥有可以伸出体外的利爪，还有极强的自愈力，以及野兽般的感知力。我们不会拥有那样的超能力，但必须像他一样让自己足够强大、足够强势。

我在这里所说的强势是一种心态，包括主动、决心、自信、自律、坚持、顽强等。如果这样说太抽象，让我们来看一个反例。

尼克松是我们都很熟悉的一位美国总统，他本来是一位很伟大的人物。第一届总统任期满了之后，1972年，他竞选连任。由于他在任期内成绩斐然，所以很多政治评论家和民众都认为，他一定会以绝对优势获胜。

然而就在这时候，这位原本强势的总统犯了一个可能让他后悔终生的愚蠢错误。也许是太想赢了吧，他指使手下潜入竞争对手所在的水门饭店的办公室，安装了窃听器。没想到事情败露，他虽然获得连任了，却被迫辞职。就这样，尼克松原本稳操胜券，却因为自己没有足够的自信，给我们留下了一个极具借鉴意义的“事件”。

身为管理者，我们必须以此为鉴，要有一种强势的心态，否则就不能在危机面前冷静自若，就不能及时把握机会，不能果断做出决定。

此外，还有学习，因为我们可以拒绝学习，但别人不会、对手不会。所以，管理者必须学会不断更新管理理念，提高管理效率，还要学会在危急关头自救，这样才能不断提升自我，提升自己的职业竞争力，使自己成为一头傲视群雄的“金刚狼”。

在带队方面，我想给广大管理者三个建议：

1. 注重以结果为导向。

在这个竞争激烈、弱肉强食的业界，大家只会看重结果，相信实力，没有什么人在乎你的过程。道理很简单，捕捉不到猎物就会饿死。所以，管理者要随时关注工作的成效，以及影响这些成效的行为。

2. 让自己拥有正面强大的影响力。

强大的影响力不是来自你的地位，而是在于你的能力和你在企业中的价值。为了证明自身的能力和价值，管理者必须接受更多更艰难的挑战，并且能够帮助他人解决问题。在拥有强大影响力后，还要致力于追求正面的影响力，多思考如何增强它。

3. 不必追求心服口服。

有些管理者认为管理要“以德服人”“以理服人”，我并不反对。但很多时候，让下属心服口服这个理想过于美好，现实却很残酷。而且，要达到这一效果需要付出太多成本，以至于得不偿失。身为管理者，我们必须有成本意识，当投入与产出不成比例时，就必须追求更有效率的举措。

或许，你觉得与狼共舞太累，可是假如你的团队成员都是绵羊，你认为会有足够的竞争力吗？如果下属中有弱者，你要做的不是同情纵容，而是帮他们自强。只有让下属变得足够强大，你才能更强，不是吗？

2. 一个好的团队的标准是：离开谁都能转起来

大学毕业后，我在美国待了十年，在中国待了十年。无论在哪里，我都能经常听到一些企业中层管理者得意扬扬地对我说：“我的团队根本离不开我。”

他们的意思是，团队不能没有他，离开他就玩不转。而深层次的意思是，作为团队管理者，他们对于一个团队是多么重要啊，更是公司里不可或缺的重要人物。但是，我对有这样想法的管理者并不认同。

如果在做决策和帮助员工成长上，你能够做得非常出色，高人一筹，那么你对于团队的重要性不言而喻。但是换个角度来想，如果你离开了工作岗位，你所管理的团队不知道如何展开工作，一团忙乱，那么你绝对不是真正意义上的好的管理者，相反，你或许会成为一个彻彻底底的Loser（失败者）！

十几年前，我刚刚在硅谷MC公司带研发团队的时候，我的老板马尔科姆·辛先生曾经不止一次告诉我：“你知道，我希望你能成为一个出色的管理者。”于是我就问他：“辛先生，您对出色管理者的定义是什么？”他的回答简单有力：“一个好的团队，离开谁都能运转良好。你明白我的意思吧？”我点了点头。

按照我当时的理解，马尔科姆的意思是，一个好的团队要运转自如，任何一个团队成员离开，都不会影响团队的工作和发展。于是，我努力地带团队，把每个人的工作都安排得十分细致，并仔细督导每个人的工作。每天我都要询问下属的工作进展情况，帮助他们解决问题。尽管这样很累，但是在一段时间后，我的团队展现出一种踏实肯干的职业精神，每个人都发挥出了自己的最大潜能。

年底，马尔科姆在检查我的团队工作的时候，面露微笑，我以为他会给我个大大的奖励。但是他说：“我发现你的工作做得很细致，你的团队也很有战斗力，我很满意。但是我感觉差了点儿什么。我在想，如果有一天，我把你升到别的工作职位上，你的团队会怎样呢？”

马尔科姆的问题让我陷入了思考，是啊，按照现在的情况，当我离开这个职位时，我的团队一定会是一盘散沙。我终于明白他最早告诉我的话——一个好的团队离开谁都能运转良好，这里面的“谁”包括了团队的管理者。一个出色的团队，终极的合作状态是应该可以脱离管理者的。

也就是说，当工作任务和目标形成之后，这个团队的每个人都知道该做什么，如何做，与谁合作。管理者的工作就是制定目标和检查结果，剩下的时间甚至可以去打高尔夫了。当然，前提是你是老板。

在进入 MC 之前，我是麻省理工学院（MIT）的博士生，也在 500 强 IT 公司工作过多年。马尔科姆选择我，看重的就是我的工作经验。他知道，一个技术型研发团队需要依靠技术水平领先的人，而不一定是那种商学院毕业的管理型人才。他满意我的工作，但是他希望我能让团队变得更“聪明”一些。他是对的，而且这能帮我减轻不少工作压力，所以我必须改变自己的风格！

为了让“团队离开谁都能运转起来”，我尝试使用了以下策略：

1. 不再监督过程，而是要求结果。

不监督过程并不代表每个人可以在做事时放松自己，而是我不再每天盯着每个人怎么做，改为帮助他们明确自己做什么。用结果来要求每个人，过程他们自然也不会放松。工作结果包含了两个方面，一是完成工作任务的质量，二是完成工作任务所需的时间，这两点必须让团队的每个人都明确且重视起来。

2. 提高团队解决问题的能力。

过去每个人在工作中出现问题，遇到瓶颈，他们一般习惯一对一向我征询意见。但我要求他们首先自己尝试解决，如果解决不了就寻求团队中其他成员的帮助。如果其他同事也解决不了，就开会讨论。总之，除我之外，谁能出色地解决其他人的问题，我就给问题解决者记上一功，用适当的方式定期奖励。这样，在解决工作问题时，团队慢慢地变成了一个整体。

3. 容许犯错才能成长。

在我决定改变团队之前，我有一个根深蒂固的意识——害怕团队犯错误。

但是我发现这个意识让我像一个"保姆"一样，紧紧盯着每个人的工作。于是，我改变了策略，我要求每个人把工作做到最好，问题靠自己或团队解决，但我在心理上给每个人留出了犯错的空间。只有容许犯错，员工才会成长。但是，总犯错的员工就是有问题，要被淘汰。

4. 合作意识是培养出来的。

作为一个研发团队，每个人都是学历高、智商高的技术型人才，但是这类人大多比较内向，合作意识并不强。为了改变这种状态，培养合作意识，充分的沟通必不可少。我采取了每天十五分钟分享会的方式，既能让大家相互学习，又能一起解决问题，还增进了彼此的感情。不定期的聚会和拓展训练，也让团队的凝聚力和成员间的合作意识得到了提高。

这几个策略使用了一段时间后，我渐渐感觉到团队变得自动自发起来，反馈到我这里的问题少了，每个人的能力和合作意识增强了，我也有了更多的时间可以考虑更重要的事情。马尔科姆感受到了这一点，因为我的时间多了，所以比之前提交了更多的想法和计划。没多久，他果然提升了我的职位。

所以，如果你想在职位上做出更大的成绩，你就要努力打造一个离开你也能"玩得转"的团队。我相信这是一种能力，是一种能让你变得轻松高效的能力。请你牢记这个好团队的标准吧，当你感到困惑时，可以试试改变你的风格和策略。

3. 一部分人看你怎么说，大部分人看你怎么做

在管理学中，有一则经典寓言是这样说的：

狐狸对农民的鸡群垂涎已久，尽管它很狡猾，可是始终没找到机会饱餐一顿。因为农民一直很警惕，还有农民养的那条狗，每天晚上都瞪大了眼守

护着鸡群，让狐狸没有可乘之机。

可是狐狸没有气馁，它每天晚上都躲在庄园外观察、寻找机会。这一天，农民不知道因为什么事情显得特别开心，酒足饭饱之后早早就睡下了，而且还忘了关鸡舍的门。他养的那条狗不知道是不是受到主人情绪的感染，居然也早早睡下了。狐狸好不容易盼到这个机会，自然不会放过。它蹑手蹑脚地进了鸡舍大开杀戒，可怜的鸡无一幸免。

第二天一早，农民看到满地狼藉，开始责骂他的狗："该死的，你是怎么搞的？狐狸溜进来，你怎么都不知道？这全是你的责任。"狗却回答："你是这家的主人，自己不关心鸡舍有没有关门，早早去睡了。鸡是你的财产又不是我的，你尚且如此漠不关心，又怎么能要求我牺牲自己的睡眠时间呢？"

很多人的第一反应是狗在狡辩，可是仔细想想，它说的也不是完全没有道理。自己有错误不反省，有什么资格去指责别人呢？即便狗在主人的淫威下屈服，承认错误，它也不会心服口服，不会认为自己的主人有威望，值得尊重。

身为主管也一样。在带队时，要求下属做到的事情，你自己首先要做到。用李嘉诚的话来说就是："企业领导人的一言一行、一举一动，无不被员工看在眼里，对员工的行为施加影响。领导要求员工做到的，领导必须首先做到；领导禁止员工去做的，领导也必须首先禁止。"

要想拥有"振臂一呼，应者云集"的领导能力，企业赋予你的职位和头衔是给不了的。倘若不能拥有追随者，那么你的职位就是一个空壳，非常容易失去。

在我看来，身处众人目光之下的管理者，至少要做到以下几点：

1. 树立良好的特质与形象。

此举的重要性不言而喻，你必须清楚老板想要看到你以怎样的形象出现——智慧、勇敢、忠诚、积极……没有哪家企业不希望它的管理人员足够出色，但事实是，缺乏这些良好特质的管理者远远多于拥有它们的。所以，管理者首先要有自我管理素质，在努力拥有这些特质的同时，我们也要避免犹豫、胆怯、欺瞒、自私等标签粘贴在自己身上。

2. 忠于目标，有效执行企业战略。

企业战略主要是由基层员工将其变为现实，但管理者在其中扮演着重要角色，你需要用良好的沟通，让员工明白总体战略，了解其意图，让他们明白自己在其中的位置以及担负的具体任务，还要让他们明白如何通力协作、相互配合以实现整个蓝图。这些都是你应该做的。

3. 用实际行动进行领导。

要想证明你的管理能力和领导水平，最有说服力的是数据和事例，而不是言语。要想让下属对某项计划、某项制度深信不疑，没有什么比你的行动更能传递真实清晰的信息。你一定要相信，下属对于从你的行动中获取自己的行动线索非常擅长。

第三点，是最简单也是最关键的。这一点说起来容易，做起来却很难。问你一些最简单的问题，你每天都能准时上班吗？要求员工加班的时候，你自己早早走了吗？你自己的工作每天都高质量完成了吗？

所谓“言传身教”，靠言语传授道理固然重要，但要“教”会大家，言语是不够的，行为更有力量。“禁胜于身则令行于民”，管子的这句话告诉我们，只有以身作则，才能令行禁止。就拿我来说，我告诉大家的这些道理，自己都身体力行地做到了，而且效果显著。

多年来我一直有个习惯，每天下班前会把办公桌清理一下，如果有没看完的文件，要么加会儿班，要么带回家。因为我不想牺牲太多与家人相处的时间，又想坚持今日事今日毕。我虽然希望下属也能做到这一点，但从来没有跟他们提出要求。有趣的是，我的秘书和助理看我每天这样做，渐渐的，她们也养成了这样的习惯。然后，我的整个部门形成了一股风气，大家都认为今天的事情应当在今天完成，因此工作效率大大提高。

你瞧，不管是好的坏的，下属都会不由自主地模仿你的行为。假如你每天五点准时下班却要求下属加班；假如你批评下属上班时间办私事浪费时间，自己却玩游戏、在线购物；假如你告诉员工要节约不必要的开支而自己却购买了奢华的办公家具……这时候，你让员工怎么想？

只有一小部分人会听你说了些什么，大部分人更相信自己的眼睛。假如下属觉得主管是一个“说一套做一套”的人，你能想象出他们的失望、怀疑和懈怠吗？这样的团队，以后你还怎么带呢？

4. 所谓共识，是利益和荣誉的共同体

最近几年，我在走访企业时发现，当 80 后甚至 90 后的员工开始成为企业生力军时，很多管理者面临着许多新问题。

我遇到过一个非常典型的案例，有位管理者跟我抱怨，说他很欣赏一位踏实肯干的 80 后员工，给他创造了很多机会，还语重心长地教给他很多做人做事的道理。他满以为自己会带出一位出色的下属，成为部门的中坚力量。结果，他却收到了辞职信。年轻人声称，难以忍受他像自己的父母一样唠叨，什么都要管。这位管理者异常委屈：“我这不是为他好吗？这些道理全都是多么宝贵的人生经验啊，他不感恩也就罢了，怎么能这样看待我的良苦用心？”

而另一位 90 后女孩更是让他惊讶。这个女孩是公司新来的秘书，人挺机灵，做事也利索，他认为是个可造之才。但是，他有一点看不惯，按说刚

刚参加工作的秘书工资不会太高，应该省着点儿花，可是这个女孩居然肯拿半个月工资去买一张演唱会的门票。不过这是对方的自由，他也就没说什么。但有一天女孩居然要请假一个月，说想去西藏住上一段时间。他当然不予批准，在他看来，这个理由是非常荒谬的。但女孩居然因此辞职了，说走就走。他更想不通了：现在的年轻人都这样随心所欲吗？他们拿什么养活自己啊？他们不用考虑未来发展吗？

这样的员工，也许就在你的团队中。面对这些足以颠覆你的传统观念的团队成员，身为管理者的你该怎样带他们？

在谈论这个问题之前，我们先来看一部电影。

不知道大家有没有看过一部名叫《十一罗汉》的电影，男主角刚从监狱出来，想要报夺妻之仇，抢劫拉斯维加斯三大赌场的金库。单靠一个人的力量是难以成功的，于是他找来了十个聪明能干的帮手。这些帮手中，有熟悉的昔日搭档，也有素昧平生的小偷。他们来自全国各地，每个人都有鲜明的个性与特长，为了一项任务临时聚在一起，怎样才能把他们揉成一个完美的团队，完成一件几乎不可能完成的任务呢？

乔治·克鲁尼扮演的主人公丹尼做到了，他让大家各自发挥所长，通力合作，圆满地完成了一项不可思议的任务。这是很多管理者的梦想吧？你们也希望自己能像丹尼一样，让临时组合在一起的一群人成为一个合作完美的团队吧？

那么，你们有没有想过，丹尼是怎么做到的呢？在我看来，他赢就赢在让所有团队成员都达成了一个共识——为了所有人的利益和荣誉，大家必须一起努力，服从安排。而这正是带队的核心技巧。

为了让大家齐心协力，你首先要明白他们的心思。你的团队中的每个人都有自己的欲望和需求，他们可能不在意金钱，不在意虚名，但是总会有他们在意的东西。比如团队的荣誉、集体的利益。重要的是，你要找出每个人

心中的诉求，在他们之间建立一种文化默契，从而凝聚团队共识。

一般来说，我会给大家如下建议：

1. 鼓励大家追求更优异的工作表现。

根据马斯洛的“需求层次理论”，“尊重需求”和“自我实现需求”是人类五类需求中的高级需求，每个人都会渴望拥有。所以，你要让大家有一种使命感，都努力争取有更好的工作表现，让他们认为，任何可能做到的事都是可以做到的。

2. 慎做家长式、英雄式的领导人物。

很多中国管理者受到传统思想的影响，渴望成为一个威严且有控制力的主管。他们渴望高度集权，认为可以通过出色的个人能力进行管理，所以很容易成为家长式、英雄式的管理者。然而在员工日益知识化、精英化的今天，传统的高压、批评、命令等方式已不再奏效。为了消除与年轻员工之间在价值观上的差异，管理者必须多进行正面沟通，赢得他们的信任，这才是凝聚共识的关键。

3. 不求绝对共识，求大同而存小异。

我们知道，中国人在面对制度的时候往往会“上有政策，下有对策”，其实不仅仅中国人是这样。面对这一普遍存在的现象，管理者必须明白，所谓“共识”是要求大同存小异的。当你认同大家的梦想与追求时，就意味着拥有了多元价值观，在此基础上，你才能找到员工差异化需求与企业核心价值观之间的平衡。也就是说，包容性越强，越容易达成共识。

4. 让团队成员“主动”达成共识。

在整个大局观念上，你要让团队所有人明白，团队的利益和荣誉是属于每个人的。没有利益和荣誉的驱动，团队缺乏动力，很难达成共识。同时我们知道，出自主观意愿的信念，往往要比被动强加的效果好得多。所以具体到某件事情上，我们可以让大家畅所欲言，等到出现合乎自己意愿的答案时，我们可以趁机根据大家的共同意愿得出共识，成为民主的共识。这种大家在自动自发心态下形成的共识，才能经得起考验，能爆发出无坚不摧的力量。

5. 凝聚力是团队的保障，创新力是成功的希望

多年前，当我在 Sears Roebuck（西尔斯·罗巴克公司）工作时，感觉企业上下的工作氛围非常好，我每天工作时心情都很愉悦。可惜的是，当时，我不以为然，还不知道自己曾经多么幸运。多年之后，我才知道，一个团队的成员能和睦友好地相处，同心协力地奋斗，是多么难得的事情。那段经历给了我很多启示，让我认识到怎样才是一个近乎完美的团队，而凝聚力和创新力对一个团队来说，是多么重要。

要想带好一个团队，仅仅让大家达成共识是不够的，因为“共识”是针对单个人的，每一个团队成员都有共同的认识，这是共识。而且，它的力量更具爆发性，却不够持久。有了共识，我们可以办成很多事情，但并不能保证这个团队拥有持久不衰的强韧力量。

所以，要想带出一个既有刚性又有韧性的团队，除了让大家达成共识之外，还要有凝聚力。和共识不同，凝聚力是针对团队成员之间的关系而言的。它就像一根竹签，把一个个山楂穿起来，穿成一串糖葫芦。对每一个山楂来说，它表现为一种强烈的归属感，这种归属感会让大家真真切切地把自己当

作团队的一分子，并且真心地投入感情，为其忧，为其乐。有了这样一种目标一致、相互依赖的关系，团队才能激发出最大的战斗力。

显然，这种凝聚力来自内外两方面，内部因素涉及团队的规模（规模越大凝聚力越低）、团队成员的相似程度（相似度越高凝聚力越强）、团队成员间的相吸性（吸引力越强凝聚力越高）、团队任务目标的一致性、在执行任务过程中彼此的依赖程度、团队任务的难度及其对成员的吸引力等，外部因素则主要与外界环境有关。

针对这些来自内外两方面的因素，关于增强凝聚力，我给大家这样一些建议：

1. 让大家认同团队的共同利益。

这一点其实我们刚刚已经讨论过了，把团队的共同利益给大家讲清楚，在此基础上求同存异，让大家产生共识，是产生团队凝聚力的基础。

2. 让大家感受到团队中的公平。

所谓“不患寡而患不均”，这个道理我们的先人已经论述得很清楚了。不过，大家对“公平”的强烈追求，并不意味着他们不能接受同事间的收入差异。只要你能让他们觉得这种差异是合情合理的，是建立在贡献与业绩基础上的，就不会对凝聚力有妨害。

3. 让大家感受到管理者的公正。

假如管理者自己拉帮结派、亲疏有别甚至徇私舞弊，还有什么资格谈凝聚力？即便管理者自身严格管理，自认为形象无懈可击，也一定要注意，在带队时不要偏袒任何人，否则会严重影响到大家的工作热情，以及你自身的形象和威望。

4. 建立行之有效的激励机制。

摆事实讲道理都可以帮助团队成员形成凝聚力，但制度上的激励措施则是一种长效机制。因为你的员工既看重现在，也看重未来。对于他们的梦想和追求，我们要尊重，更要珍惜、鼓励。当然，这要求我们在制订激励措施时充分考虑多方因素。

对凝聚力有初步了解之后，我们来看创新力。如果说凝聚力是团队得以稳固存在的基础，那么，创新力就是团队成功的希望。那些具有很强创新力的高绩效团队，比如3M中国公司的市场导向和技术导向创新团队，比如苹果公司与耐克公司的产品设计团队、洛克希德公司的“臭鼬工厂”等，它们都在创新方面做得非常出色，以至于成为引领行业走向的先驱。

关于创新力的重要性以及如何提高个人创新力，这是个有太多话可以讲的命题，也是很多管理者时常挂在嘴上的话题。这里，我只想谈谈团队创新力。

首先我希望大家明确一点，有时候，所谓创新并不是发明创造出一件世界上没有的东西，或者做一件从来没有人做过的事情。它更多的是来自某些细节上的一点儿细微改进，这一点点优化也是宝贵的创新。

如何提高团队创新力，传统管理学会向大家介绍很多方法，我以前也经常会引用这些理论。不过这一次，我想讲一些最新的研究成果。据我所知，麻省理工学院新近完成了一个研究课题，内容是“最有创新力的团队拥有怎样的工作方式”。他们的研究结果，可以总结为如下两点：

1. 多进行“面对面”的沟通互动。

众所周知，这是一个电子信息时代，为了便捷高效办公，电子邮件和电

话、传真等占据了我们的办公空间。但为什么2012年出任雅虎CEO的玛丽莎·梅耶尔，居然逆天地要求所有员工必须去公司办公，不允许在家里办公？无独有偶，法拉利公司的董事长蒙特泽莫罗也认为，员工之间如果有问题要沟通，最好当面讲，不要发电子邮件，因为前者更为有效。事实上，他的话很有道理。面对面的沟通，交流的不只是事情，还有感情和思想火花的碰撞，其中就孕育着创新的种子。

2. 给员工一个可以互动交流的茶歇时间。

员工之间的交流可以随时进行，但之所以要有一个这样的茶歇时间，一方面是因为在享用美味茶点的时候大家心情比较愉悦，环境氛围友好轻松；另一方面也因为可以把团队员工集中在一起，提高所有人的互动指数，让大家更愿意彼此交流，从而将这种正面情绪带入工作时间，使他们能更融洽地合作，更随意地畅谈奇思妙想，进而增强整个团队的创造力。

6. 用制度约束每个人，做到有章有理可循

其实刚刚在谈团队凝聚力的时候，我们已经涉及了“制度”问题。在管理界流传着这样一句话，“小型企业靠领导者的个人魅力，中型企业靠团队制度，大型企业靠团队文化。”当然，大型与小型企业也是需要制度的，只是它们的侧重点有所不同而已。既然你所在的企业需要你——一个中层管理者，那么它至少是一家中型企业，是必须有规章制度的。

对于一个团队来说，规章制度的作用是向所有人提供一个团队规范的行为准则，它是公司有序运行的体制框架，能够约束大家的行为，从而更高效地完成任务。

我在给管理者做培训时，经常会讲到这样一个故事：

山上有座庙，庙里住着七个小和尚，他们每天的食物是一大桶粥。问题是，小和尚们年纪轻，饭量很大，粥不够大家分。于是他们决定每天抓阄，选出一个人来分粥。一周过去了，他们发现，抓到分粥的那个人，在当天可以吃饱。而没有资格分粥的人，每天都会挨饿。

然后大家决定推选一个品行高洁的人出来，让他每天分粥。可是没多久大家又发现，由于每个人都想吃饱，都挖空心思讨好分粥的人。于是这位原本品行高尚的人在权力的腐蚀下，变得难以服众，而且使团队滋生了很多问题。

后来，大家又想了个主意，分粥的事不能让一个人决定，于是组成三人或者四人委员会，每天由这些人讨论决定粥应该怎么分。结果，每次等他们讨论完毕，大家喝到的粥都是凉的，而且所有人都认为，这样分的粥也不公平。

最后，他们又想出个办法：七个人轮流分粥，但是，每天分粥的那个人，只能拿到其他人挑选之后剩下的那碗粥。因此，为了不让自己分到的粥是最少的，他只能尽可能地分得平均。这样一来，就皆大欢喜了。

从这个故事中，我们可以看到，这七个人一直在尝试制定制度，因为在世界大同到来之前，人类组成的各种团队，仅仅依靠自觉性不足以协调好各种问题，必然有各种规范与标准。在此，我想提醒大家一点，据我所知，很多管理者都认为制度是管理员工的。实际上，制度更是为企业服务的，它和凝聚力一样，都是团队生存的基石。

大家同样也看到了，他们一共尝试了四种制度，最后一种“轮流分粥”是效果最好的。同样的这些人，不同的制度，效果迥异。所以，要想带好一个团队，好的规章制度是必不可少的。当然，分粥的故事也告诉我们，好的制度不是唾手可得的，它需要经验与智慧。

我在美国做管理咨询时，曾遇到这样一个案例：

盖瑞是一位新近被提拔为销售经理的管理者，自身业务能力出色。上任后，他分析了自己面临的情形，部门里的十来位员工都非常年轻，刚刚加入公司，既没有丰富的销售技能，对产品也不熟悉。于是为了部门业绩，他制定了极为严格的规章制度和处罚措施。然而，一个月过去了，他的团队的表现非常令人担忧。不仅业绩远远低于公司长久以来的平均水平，而且部门内部人人自危，气氛压抑，这让他非常困惑。

我当时告诉盖瑞，制定制度这个意识是非常好的，但简单、粗暴的制度与管理方式是不够妥当的。任何东西都可能是一把双刃剑，不合理的制度只会让团队管理失控。

的确，制度是用来约束每一个人的，而且关乎整个团队的利益，必须考虑到各方因素与各种可能。现在我们就来一起看一下，在制定制度时应该注意哪些因素：

1. 基本管理制度要详细、严格地制定。

一般来说，基本管理制度是针对整个企业而言的，它包括人事、薪酬、工作流程、部门管理规定等。对于部门主管来说，一方面要严格遵照企业的总体规定，另一方面也要针对本部门的实际情况，制定与之不冲突的、详细具体的日常工作制度。

2. 确保制度传达给每一位员工。

乍一看这似乎根本不成问题，但事实上我遇到过这种情况。有些企业制定完规章制度，只传达到中层干部那里，基层员工根本不清楚具体内容。那么，用员工根本不知道的规定来管理他们，会有说服力吗？我们不仅要将制度告知每一位员工，还要尽量让他们理解、牢记这些行为准则。

3. 在遵守制度的基础上，进行人性化管理。

“法”与“情”的关系，一直很难处理。在中层管理者的日常工作中，除了规章制度之外，我们常常还要依赖自身的人格魅力，进行适度的人性化管理。但是一定要注意，不要把“人性化管理”与“人治”混为一谈。

7. 任何组织都只能有一套制度，标准不能随便改

我们刚才已经讲过了，任何一个想要发展壮大的企业都需要一套制度，用制度来管理人。而且，任何组织都只能有“一套”不能随意更改的规则，绝对不能“朝令夕改”。

正因为制度的权威和不可侵犯性，在制定时一定要谨慎，多花一些时间考虑其合理性和可执行性。比如，对于市场营销人员，我们可以制定规则要求其按时上下班。但由于他们经常要去拜访客户，而和客户约定的时间并不能由他们自行决定，所以按时上下班对他们来说是一条可执行性不强的规定。然而，在充分考虑各方要素的前提下，一旦我们把制度制定出来了，就要坚决执行。并且，要不打折扣地、人人平等地执行。

所有管理者心里都清楚，在制度面前人人平等，不管是你非常喜欢的下属，还是非常讨厌的下属，都要一视同仁。假如我们偏爱某一个或几个下属，一定会让其他下属产生不满，所以用人情管理是很多企业的大忌。对于管理者来说，你给出公平态度，才能让所有下属都安安心心地工作，并且对你产生信任。这一点，相信我无须多言。

很多管理者往往会对另一个问题心存疑虑：假如某项制度不够合理呢？

我刚回国做管理咨询时，一家小型企业的管理者向我咨询了这样一个问题。

"我那家公司规模不大，本身员工数量也不多，每个人都很重要。为了保证他们的出勤率，我制定了一条规定：每个人每个月请假如果超过三天，那么就取消当月奖金。这个规定一直执行着，没出什么问题。偏偏上个月，我非常看重的一位业务骨干的父亲生病住院了。他是独生子，不能丢下父亲不管。为了照顾父亲，他上个月请了五天假。按规定，他的奖金是应该扣除的。但是他自己周末加班，把手头工作都很好地完成了。你说，他上个月的奖金，我是扣还是不扣呢？"

我说："从你的陈述中我可以听出来，你其实是不愿意扣他的奖金的，但又不愿意违反规定，对吗？"

他说："是啊，扣他的奖金太不公平，我也怕这样不近人情会打击他的工作积极性。可按制度是应该扣的，要不然别的员工会有意见。"

我回答："没错，你应该扣掉他的奖金。"

这位管理者一脸失望地问我："必须这样做吗？"

我肯定地回答："是的。不过，你可以拿出比奖金多的钱，作为给他父亲的抚慰金和对他敬业精神的鼓励。"

这位管理者听后眼前一亮，跟我连声道谢。

我说："不用谢，我还有话要讲。这次你之所以遇到这样棘手的问题，是因为制度制定得不够合理。采用这种人性化的变通方法毕竟不是长久之计，而且并不是每个类似事件你都能知悉并且处理周全。所以，最根本的解决方法，还是要对制度进行审核、修订。就拿这条制度来讲吧，保证员工出勤率只是手段，确保公司业务顺利开展才是目的。所以，奖金不一定要和请假的天数有关，而是要和工作目标、绩效挂钩。只要按时、保质地完成了工作任务，就可以拿到奖金。你说呢？"

我相信，点头称是的他会认真审视自己的规章制度，并且在以后的执行过程中更为严格。那么你们呢？面对那些自己认为不够合理的制度，会怎么处理？

如果你认为某项制度对管理工作不利，可以提请老板修改这一制度，但在此之前，规矩就是规矩，不能随意破坏。这和公司规模大小没有关系，和中西方文化也没有关系。

虽然我青年时代的教育经历决定了我受西方思想影响更甚，但回国后，为了总结更适应国人的管理思想，我从中国传统典籍中汲取智慧。比如，我们中国人常常喜欢强调人情，而西方人则不然。有一次，我看到管子在论法时说："不法法则事无常，法不法则令不行，令而不行则令不法也，法而不行则修令者不审也，审而不行则赏罚轻也，重而不行则赏罚不信也，信而不行则不以身先之也。"这岂不是也在强调"常法"的不容侵犯吗？

对员工来说，"制度"的严格执行意味着管理者的信用，所以，用制度进行管理是企业管理的根本，人情只能是一种辅助手段，在某些制度制定者未曾预见到的情形下进行特别处理。人情永远只能是暂时的、偶尔为之的手段，绝对不能滥用。这也正是为什么我赞成"人性化的制度"，却反对用人情进行管理。

8. 团队精神是一双看不见的手，推动着每个人

五个人打的篮球，六个人打的排球，八个人划的赛艇，九个人打的棒球，十一个人踢的足球，左右胜负的关键都在于合作。假如合作不好，那么尽管有一两个明星选手也未必能够获胜，工作中也是如此。通常情况下，一项工作需要许多人通力合作才能完成，每个人负责不同的内容和环节，团体的协作精神很重要。

在这个信息时代，其实每一位成功者的背后都凝聚着一个精诚合作的团队。无论是在竞争激烈的生意场上，还是在紧张忙碌的办公室里，抑或是挥汗如雨的健身房中，我们的工作和生活都越来越多地倚重于每个参与者的经

验分享和智慧贡献。信息时代使得人类的知识与经验得到极快的复制与传播，也使得任何一项工作的专业度与复杂度都极大地提升，一个人单纯依靠自己所拥有的有限知识已难以取得成功，唯有与周围人建立起交流、分享和协作的伙伴关系，才能完成某些任务。

因此，用好团队精神这双看不见的手，对于带好团队来说至关重要。我相信很多人对这一问题也深有体会，在此我只想强调以下几点：

1. 强调合作能力，它是团队精神的核心。

何谓团队呢？团队就是一群拥有互补技能的人，他们为了一个共同的目标而努力，达成目的，并固守相互间的责任。所以我们所说的团队精神，首先需要有一定的个人才能为基础，因为团队的目的不是单纯意义上的集结，而是优势资源的整合与发展，然后就是合作能力。

我有一位朋友，是资深人力资源专家，他曾对团队精神的能力要求有这样的观点：要有与别人沟通、交流以及合作的能力。我深以为然。的确，如果管理者能让每一位员工都拥有良好的合作能力，那么也就不愁拥有团队精神了。

2. 要乐于分享的精英，不要个人主义的英雄。

要想拥有一个具备团队精神的团队，分享是必不可少的。团队中的每一个人都要学会与大家分享自己的经验、教训、信息、心得。否则，各自为政的结果只能是一盘散沙。

我曾经有一位名叫约瑟的下属，他的性格较为孤僻，担任信息管理员。这份工作不需要跟人过多交流，所以性格倒也没对工作产生影响。

一年过去了，他在工作中表现突出，技术能力得到了大家的认可，每次都能按计划、保证质量地完成项目任务。别人解决不了的问题，对他来说是小菜一碟。我对他的专业能力非常赞赏，有意提升他为项目主管。然而，在考察中我发现，他除了完成自己的项目任务外，从不关心其他事情，而且对自己的技术保密，很少为别人答疑，对分配的任务有时挑三拣四，若临时额外追加工作，便流露出非常不乐意的态度。另外，他从来都是以各种借口拒不参加公司举办的集体活动。如此不具备团队精神的员工，显然不适合当主管。并且，这样的员工即便能力出众，也不会受企业欢迎。

3. 在团队工作中让成员忘记自我。

每个管理者都应该清楚，团队精神和大家的智商并没有必然关系。而且，我们应该把这个观念灌输给每一位成员，让他们清楚，在团队交流中，不要因为自己平时不够活跃就不肯发言。让他们忘记自我，只是考虑自己的所作所为是否对团队有利，这样才能使团队精神进一步增强。

4. 让大家看到自己在团队中的价值。

在美国的时候，有位朋友曾经问过我，微软里那么多员工都是百万富翁了，他们完全可以舒舒服服地过日子，为什么还要继续留在那里辛苦奋斗？要知道，在微软工作，加班是常事，有时候还要夜以继日，跟美国人的价值观貌似不大一致。

我说，他们肯定不是为了钱。虽然微软会提供高额津贴，但对于百万富翁来说，你觉得多少津贴能让他们通宵达旦地工作？显然，他们在意的是个人价值的实现。

盖茨曾经不无骄傲地谈到自己的团队文化：“我们微软公司所形成的氛围是，你不但拥有整家公司的全部资源，同时还拥有一个能使自己大显身手、发挥重要作用的小而精的班子或部门。我们每一个人都有自己的主见，而能使这些主见变成现实的则是微软这个团体。我的策略一向是，聘用有活

力、具有创新精神的顶尖人才，然后把权力和责任连同资源（人、财、物）一并委托给他们，以便使他们出色地完成任务。”

那么，身为管理者，只要你让大家意识到自己的价值，让他们自我实现的需要得到满足，就会出现人人甘于为团队奉献的局面。

9. 危机到来时，你要成为安抚军心的主心骨

在管理界，有一桩发生在三十年前的事件常常被作为案例拿来分析，那就是强生公司的泰诺药品中毒事件。恰巧，我有一位前辈 1982 年时正好在强生公司担任部门主管，亲身经历了那场危机。

他告诉我，事件刚刚发生时，公司上下一片恐慌的气氛，大家都担心自己的奖金甚至饭碗会丢掉，包括他自己也是如此。当时任首席执行官的吉姆·博克采取了一系列强有力的措施之后，他冷静下来了，意识到这是对自己管理能力的一次挑战，也是良好的机遇。

当时，强生采取的处理方式会让自身遭受巨大的损失，但可以让别人免受伤害。公司已经做好最坏打算，于是管理者反倒可以在此基础上做最好的打算。于是，他充分利用自己学到的种种危机管理知识，在这场“灭顶之灾”中表现出色。当强生在这次事件中奇迹般地获得更高声誉之后，他也因为这段经历获得了更好的职位和行业知名度。

所以，很多时候，我们应该感谢危机，就像我这位朋友一样，倘若你能很好地处理，它绝对会是一个宝贵的机遇。只是，知易行难。有太多平庸的管理者，他们和员工一样，在危机面前六神无主，无法成为安抚军心的主心骨，因此让团队遭受重大损失，同时他们自己也失去了声誉甚至地位。

在危机面前，管理者一定不要忘记，任何事情都有两面性。当你沉溺于消极情绪不能自拔时，努力让积极的一面对着自己，这样，积极向上的精神

状态会让你找到更多自信和力量。现在，让我来梳理一下管理者在危机面前该做些什么：

1. 关注积极的那一面。

美国总统罗斯福在成为总统之前，有一天家中失窃，丢失了许多东西。一位朋友知道后，马上写信安慰他，劝他不必太在意。罗斯福给这位朋友写了一封回信，信中说："亲爱的朋友，谢谢你来安慰我，我现在很平安，感谢生活。因为，第一，贼只是偷去我的东西，而没伤害我的生命，值得高兴；第二，贼只偷去我部分的东西，而不是全部，值得高兴；第三，最值得庆幸的是，做贼的是他，而不是我。"

对任何一个人来说，被盗绝对是一件不幸的事，但是，罗斯福却找出了值得感谢和庆幸的三个理由。所以，如何在危机面前看到其有利的一面，在消极的环境中看到积极的因素，在茫茫的黑夜中看到希望的黎明，在凄风苦雨中看到美丽的彩虹……这不仅需要管理学的理论和技巧，更需要人生的大智慧。你要有"泰山崩于前而色不变"的胸襟气度，才有资格成为指点江山的领袖。

2. 管理者要表现得镇定自若。

在危机面前，倘若管理者都乱了阵脚，会向员工传递怎样的信息？所以，为了不让危机真的变成危险，管理者自己要冷静下来，镇静应对眼前的事态，而且要速度至上，力求稳定。尤其重要的是，此时此刻，管理者应该主动承担责任，向员工表现出自己的诚意，告诉自己也告诉员工，应该关注长远利益。而且，一定要让员工看到你的这种镇静。

3. 安抚员工的情绪。

危机当头，这是管理者的首要任务，为此，要求我们善于聆听、懂得沟通。其实在危机面前，员工的很多负面情绪并不是出于对危机的担忧恐惧，而是来自他们自己不得不面临的改变。人类是不大愿意被动改变的，所以他们对眼前的不确定性感到无法容忍。而作为管理者，我们可以让他们首先静下心来面对现实，然后在较为平静的心态下看待未来的不确定性，进而从这种未知中发现挑战和机遇。

4. 善待业务骨干与核心员工。

这并非教你厚此薄彼。在日常管理中，我们要公平公正，一视同仁。但我们也知道有一个“二八原理”，部门 80% 的业绩是由 20% 的核心员工创造的。所以在危机面前，这 20% 的员工是我们要格外留心的。因为他们如果流失，一方面会对部门运转带来致命影响，另一方面也会严重涣散军心。

5. 让员工忙碌起来。

大家都知道一个常识，没有事情做的时候，多余的精力就容易让人胡思乱想。在危机面前，过多的情绪与抱怨很容易让事态恶化。所以，这时候，既然员工可能出现的种种情绪我们无法一一化解，那就通过给他们更多事情做，让压力和挑战赶走一些无谓的情绪。

当然，为了在危机面前不至于措手不及，管理者应该未雨绸缪。因为，要想让下属有安全感，你自己得先有危机感。

10. 帮助员工成长是你的责任，更是一种无形投资

作为一名管理者，在管人方面，你认为自己的职责是什么？

关于这个问题，大家可以了解一下松下幸之助是怎么看的。他曾经问自己公司的管理人员：“松下是干什么的？”有人说：“松下是做电器的专业企业。”他纠正说：“松下是专门培养人才，兼做电器生意的企业。”我不知道大家怎么看待松下幸之助的这一说法，但我相信他的这句话，因为在信息时代，我们最缺的是什么？是人才。

有一次，一位管理者问我，公司刚刚接手了一个大项目，要求部门所有员工都打起精神来精诚合作，可能还要加班加点。但其中有几个员工消极怠工，让他伤透了脑筋。他问我，面对这样的员工，有必要帮助他们成长吗？该怎样帮助他们成长？

我告诉他，面对这种情况，管理者有很多选择。你可以暂时忍耐，等到合适的机会再收拾他们；可以找他们谈话，鼓励他们以公司利益为重；还可以一边找他们谈心，一边在具体工作策略上进行指导，提高他们的工作热情和效率。当然，你也可以申请把他们调到别的部门或者干脆辞退。

他说，他会选择最后一项。我相信很多管理者因为贪图省事，会直接选择最后一项。但如果理智思考，我们会发现，一边谈心一边指导这种方法是最恰当的。作为管理者，在员工出问题的时候，我们的第一个念头不应该是放弃，而应该是思考：我是否曾经试图培养过他？我是否对他尽最大的努力了？如果答案是否定的，那就是你的失职。凡事总是有原因的，我相信，任何一个员工都不愿眼看着同事劲头十足而自己无缘无故地消极怠工。所以找出原因，帮助他成长，才是一名合格的管理者该做的事情。

我有一位同行叫斯温，他曾经说过：“那些最开明的企业主管在这点

上很坦诚。它们会告诉员工，碍于竞争压力，它们无法保证给予他们工作保障，但会设法激励他们、帮助他们成长、奖励他们。这样至少能给他们带来一股工作激情和满足感。”这一点我表示赞同，只是我发现，由于中国人和美国人在文化和思维上的差异，中国企业管理者在这样做时，要更加慎重。在我看来，要想帮助员工成长，中国的管理者至少要做到以下这几点：

1. 敢于给员工施加压力。

如果说在危机面前，我们要安抚员工，帮其减轻压力，那么，日常工作中，我们要做的恰恰相反——给他们施加压力。

我常常会听到很多管理者以一副怒其不争的口吻说道：“他们自己不愿意学习，不愿意成长，我能有什么办法啊？”事实上，作为他们的主管，你可以通过施加压力让他们拥有成长的外在动力，这也是你的职责。当然，如何施加压力是有学问的，而且成效也是需要时间才能显现的。只要你有足够的耐心，并且真心愿意帮助员工成长，就一定能找出合适的施压方法与时机。

2. 给员工创造公平公正的成长环境。

这一点的必要性无须多言，倘若有些员工因为工作能力及经验有所欠缺而处于弱势地位，从而受到同事的歧视以及不公平待遇，这样就很难让他们健康成长。所以，对这一部分员工多鼓励、多关怀、多肯定，向他们传达出这样一种信念——只要你足够努力，你就有机会成功。这样才能让他们拥有成长的动力与希望。

3. 给予员工一定的权限和自主性。

倘若你想要的只是一个听命行事的员工，那么你永远只能是一个忙于发号施令的家长，无法拥有更多的时间和精力来提升自己，想必这也不是你想要的生活。所以，并不是每一项决策都必须由你来做，你可以试着让基层员工做决定，而你只担任指导和支持者的角色。

4. 多给员工培训、受教育的机会。

在我们所处的这个信息时代，学历代表过去，能力代表现在，学习力、成长力代表未来。谁不愿意面向未来呢？所以，多给员工参加培训以及受教育的机会，是帮助他们成长的有效途径。如果你所在的企业不鼓励员工脱产学习以及参加各种专业进修课程，那么你就要尽可能地帮他们争取到更多培训和听讲座的机会，提高他们的思想境界，也提升他们的工作技能，让员工认为自己在这里工作有助于发展个人事业，这样才更有利于获得双赢。

11. 执行力是训练出来的，你就是教练

执行力，顾名思义就是“做”的能力。它用来考察一项任务的执行者是否能够坚定不移地执行命令，完成任务。

毫无疑问，执行力的强与弱，已成为一家企业能否强大的关键因素。一个具有高效执行力的企业，就是具有强大竞争力的企业。一个具有执行力的员工，就是不找借口的员工，就是永远能出色完成任务的员工，也是管理者最想要的员工。

之前有一位学员曾经向我咨询这样一个问题：“为什么我尽心尽力把工作安排下去了，可那些人就是完成不了，为什么啊？”他一脸委屈的样子。

我说：“别着急，你先讲讲具体情况。”

“是这样的，我上个月刚刚被提升为部门经理，想要努力表现，好让上

司满意。我先把部门分成两个业务小组，任命了两位小组长。上司的一切指示和安排，我都会原原本本地传达给两个小组长，并且叮嘱他们一定要按照指示去做。可是，为什么他们总是做不好呢？那些事明明不难啊。”

“那你把任务安排下去之后，有没有问过这两位组长，他们的进展是否顺利，是否遇到过问题，需不需要帮助等。”我问他。

“没有啊，他们不应该自己想办法解决问题吗？”他一脸惊讶地问道。

没错，员工在工作中遇到问题的确应该自己多动脑筋想办法克服，但身为管理者，并不是简单地把指示传达给下属就够了，还要帮助他们圆满执行。而且，这种帮助是“授人以渔”，教会他们怎么查找问题，怎么解决问题，下一次再遇到类似情况该怎么办。能这样帮助员工提升执行力的管理者才是出色的管理者。

有一位我欣赏的中国职业经理人曾经这样说道：“我改变的是微软几十年的开发模式。如果我不通过这种方式，而是循规蹈矩地做一个技术人员，肯定没有机会成功。我的执行力很强，一个方案拿到我这里，总部告诉我在中国要推行什么样的战略，而我在这个战略之上又给它包装一下，做出更大的东西来。我把执行力做到一个境界：很多人讲到执行力的时候，是指让你去做一你就做好一，而我是让我做一我可以做到二做到三，这是我觉得我在微软最成功的地方。”

我不知道身为管理者的你是否也有这种执行力。倘若你自己尚未做到，那么这就是你努力的目标。与此同时，你也要指导、训练自己的团队拥有更为出色的执行力。

幸运的是，所谓“执行力”并不是与生俱来的，它是依靠我们后天不断培养而形成的能力。这种能力也并不是只有在重大危急关头才显示出来的，它更多地体现在小事中，体现在细节中。现在，就让我们行动起来，一起训练员工的执行力吧。

1. 学会下达“有效”的命令。

是的，下命令也有很大学问。在向下属分派任务时，首先我们要对每一位员工的个人能力做出评估，然后分派给他们比他们自身能力稍高的任务。在下命令时，一定要准确地传达任务的内容，目的和大纲要求员工无条件地接受，但具体细则可以与他们一起商量。而且，你一定要明确地告诉他们，这些任务有什么意义和价值，要在什么时间之前完成，他们拥有哪些权限。当然，在此之前，你也要准备好他们需要的资源。

2. 努力培养员工的工作激情。

那些失去了工作激情的员工，原因可能来自多方面，有可能是目前的工作他们不感兴趣，有可能是工作对他们来说阻碍了他们追求梦想，有可能是目前的工作对他们来说太容易或者太难，也有可能是他们没有任何工作计划和人生目标，还有可能是他们进入了职业倦怠期，等等。总而言之，我们首先要找出他们缺乏激情的原因，然后才能根据具体情况思考对策，激发他们的热情，这样才能从根本上提高他们的执行力。

3. 让员工养成马上行动的习惯。

在工作中，当我们有了一定的目标，或者接受了一定的任务之后，就要告诉员工，立刻行动起来。即便是遇到了难题，你也要告诉大家。当我们感到某项工作棘手的时候，其实任何老套的战略计划都管用，前提是你要行动起来，积极地寻找解决方案。只要大家真正行动起来，一些实实在在的结果就会出现。通过观察、解释这些结果，就可以制订下一步的行动方案了。

4. 抓重点，把精力放在关键问题上。

我个人非常欣赏“二八原理”，它在我们的工作生活中都非常管用。在训练执行力时，它也同样有效。作为管理者，我们要把这一观念真正转化为一种思考习惯，切记有所为有所不为，即学会抓关键环节。我们要帮员工认清，日常工作中，哪些琐碎、无用的事情占据了我们的时间和精力，面对一项任务时应该怎样抓住重点各个击破，从而迅速提高执行力。

5. 既要大胆放手，也要不懈监督。

在训练员工的执行力时，身为教练的你，要对大家表现出充足的信心，敢于大胆放手。你可以告诉他们：“我把任务交给你了，就由你全权处理，我不会过问，你给我的结果怎样就是怎样，但这是你给出的结果，你要为此负责。”你心里要清楚，这样说只是为了杜绝员工的依赖心理，并不意味着你真的放任不管，私下里你还是要对他们完成的工作进行审核，确保真的没有问题。你会慢慢地发现，员工的执行力越来越强，出现的问题越来越少。

Part 3

我在职业生涯中，见过形形色色的管理者。在他们身上我学习到了很多管理法则，也总结出了不少管理禁忌。在我看来，也许是因为受到传统文化的影响，中国的管理者对“权力”格外看重，对“监督”格外敏感。所以，对于中国的管理者来说，要想培养出一支能征善战的队伍，学会合理授权和监督尤其重要。

管理篇：

如何做好授权和监督？

1. 任何项目都要有至少两套方案，用一套留一套

身为管理者，你所处的位置比普通员工要高，这就意味着你必须看得比他们更长远。所以，在考虑问题时，你必须面面俱到，避免因过于片面而造成不可挽回的损失。但是，作为管理者，你负责的是“管人”与“理事”，你不是具体工作的执行者，而且你也不可能有精力对经手的每一件事情都进行周全的考虑。这就要求你在为下属交代任务时，对他们提出相应的要求。比如，我今天要讲的这条：任何项目都要至少有两套方案，虽然最终只能采用一套。

我曾经遇到过一位室内装修师，或许她不够大牌，也显得太年轻，但最终我把自己的家交给她来设计，因为她为我的房子拿出了八套设计方案，这让我极为欣赏，这打动了我。

我也问过她，其实你已经对房子的户型利弊非常清楚，也问过我和太太的喜好，只要根据我们的要求，尽量投我们所好不就可以了吗？为什么要花好几倍的功夫做出这么多套方案呢？

她的回答是这样的：“对我来说，最好的方案，要能满足客户的最大实用需要，同时让他们享受到美感。虽然我可以询问客户的喜好和需求，但一方面我不可能完全了解客户的生活习惯，另一方面什么是美太难定义。所以，我会根据您这套房子的具体情况，给出较为合理的所有方案，最大限度地满足您的需求。我知道有些问题是您自己根本想不到的，但在你想不到的情况下，我们更要体现出自己的专业素养，帮你们把这些都考虑到，给你们提供

更为合理的方案。”

对我来说，她的回答深得我心，我非常想拥有这样的下属，相信身为管理者的你们也一样。在我们的日常工作中，当你交给下属一项任务时，希望他交给你的是一套还是两套方案呢？假如你希望下属考虑周全，把一切搞定，而你只要签字就可以，那么请问，上司还会需要你吗？

身为管理者，对于布置下去的任务，下属完成之后，你不是只要过目签字就可以了。你需要对执行情况进行监督，因为你要对结果负责。

我一直以来都相信这样一个原则：在工作中，没有什么意外或偶然。假如出现了意外事件，只能表明我们考虑得不够周全。所以，在项目实施过程中，当某套方案屡屡碰壁，试了三次以上仍然没有成效时，表明我们一开始就考虑不周。这时候，如果再退回原点重新思考，另外寻找策略，就会费时费力，严重影响工作进度。

虽然表面上看起来多准备一套方案会浪费时间，影响效率，但事实上我们知道，员工在制订具体方案时，除非存在确定无疑的唯一完美方案，否则他们必然会有多重考虑和取舍。这时候，与其耗费时间精力斟酌到底该选取哪一种，不如干脆从中选择两种最佳策略制成方案，将其优点、缺点一一清晰地列举出来，然后将其呈交给管理者。身为管理者的你，要以一种更前瞻的角度、更广阔的视野来审视这两套方案，从中选择更为适合的那一个。

这种做法，可以有效避免在工作中陷入被动局面，避免走弯路。它能让我们在面临突发事件时，不会惊慌失措，更加自如地处理问题。

不过，我也想提醒各位管理者，我们都知道，有时候项目会遭遇突发事故，这时候要做出应急准备以及相应的救援等工作，它属于“应急预案”的范畴。而我这里所说的两套方案，都是针对项目本身的，不是应急预案。

如果你把某个项目交给一位下属去制订方案，并且告诉他你需要两套。

而这位员工告诉你，他只能做出一套方案，想不出第二套。那么这时候，一方面，你可以让他列举出这套方案的所有优点以及可能出现的问题；另一方面，你也要告诉他，这可能表明他的思路不够多元，不足以想出够多够好的点子，要向同事或者上司求援。

也许我们准备的备用方案根本用不到，但它同样可以帮我们改进工作机制，提升工作效率。至少，它证明了我们的判断力。它被弃置不用的原因是什么，也可以帮我们分析工作中究竟哪些因素更关键，更应该被重视。

2. 做管理的把自己累死了，员工还得笑他笨

和管理者闲聊时，我经常会听到这样的话："我那些下属啊，什么都做不好。""要是他们经验丰富些，我就省心了。""他们都没接受过培训，我也没时间教他们，真是，离了我什么都办不成。""跟他们交代个任务真是费劲，等说清楚了，我自己可能早就干完了。"……诸如此类的话，相信各位或多或少也听过或者说过。

事实上我们知道，这些牢骚话，并不能证明这位管理者能力有多强，反而说明他们不懂得培养与授权，以至于自己叫苦连天，下属和上司却都不买账。

我认识的一位管理者就是如此，他每天的工作状态是这样的：

从上午九点开始上班，他就一直要忙着看邮件、回邮件，审阅下属递交的各种方案和报告，还要准备会议、搜集资料，与同级和上司开会，给下属开会，与下属一起沟通修改意见……常常是忙到晚上七八点钟，当天的工作还处理不完，因此只好带回家继续加班。每天他都觉得特别累，回到家里也不能好好陪家人，满脑子想的都是如何完善方案，如何避免出错。

可是，尽管他已经加班加点忙得不可开交了，还是经常会出现这样的情

形：下属提交的报告迟迟得不到他的反馈，没有时间认真思考如何给下属的方案提供修改意见，新的任务因尚未考虑妥当很难及时分配下去，等候决策的下属不时催促他尽快做出决定……

如果单单只是忙碌也就罢了，问题是，员工渐渐地对他越来越不满。“等待他签个字总要等那么久，影响我的项目进度。”“经理根本就不相信我们，总是让我们等他的建议，不放手让我们去做，那就交给他自己做好啦。”“真是想不明白，公司怎么会让这样一个永远无法及时决断的人当经理。”“他这人适合做管理者吗？”“整个部门就他什么都懂，就他一个人在表现，我们的个人发展空间都受到了限制。”……这样的声音，渐渐传到了他的耳朵里。

这时候，他觉得特别委屈，自己每天废寝忘食、尽心尽力地对待工作和下属，希望能帮他们少走弯路，让一切都进展顺利。自己真的错了吗？

事实上，他的确做得不够好。中国有句古话说得好：“得人之力者无敌于天下也，得人之智者无畏于圣人也。”作为管理者，我们拥有别人的“力”和“智”，这么好的条件倘若不知善加利用，那么即便自己累得要死，也只会被人嘲笑能力有限。

“凡事自己来”“亲力亲为”“事必躬亲”，对于管理者来说，这并不是勤奋踏实的表现，而是一种恶习。

史蒂夫·鲍尔默曾说：“有人告诉我他一周工作九十小时，我对他说，你完全错了，写下二十项每周至少让你忙碌九十小时的工作，仔细审视后，你将会发现其中至少有十项工作是没有意义的，或是可以请人代劳的。”他曾给微软经理这样一条忠告：“不要什么事都做。你的任务是计划、组织、控制、指挥。”这一条忠告，我相信所有管理者都要铭记。

始终保持一种谨慎的态度，唯恐部门出现各种各样的问题，这样做并没有错，问题在于真的不必“事必躬亲”。并不是所有问题都非你不可的，世界和这个部门离开你会照常运转，所以你大可不必因为没有亲自处理而不放心。身为管理者，你要做的是考虑哪些事情是可以交给下属来做的。对此，我有以下几点建议：

1. 牢记“多想多看，少说少干”的原则。

对于刚刚从基层提拔上来的管理者来说，这一原则尤其要注意。我知道很多因业务能力出色而升职的管理者，往往会亲自冲锋陷阵，在一线拼搏，这是不够妥当的。对你来说，多想多看，才能“旁观者清”，才能更客观高效地判断事情的是非曲直。

2. 区别“你能做的事”和“你该做的事”。

身为管理者，你的能力无须通过“你能做的事”来证明，能做并不代表你就要亲自去做。你应该考虑的两件事是：自己应该做什么，别人能够为自己做什么。确定了这两点，你可以确定事情的优先级别，为自己争取更多可供自由支配的时间。

3. 告别“来者不拒”的坏毛病。

想想看，自己是否经常说这样的话，如果是，请尽早抛弃它们，因为它们不仅会让你陷入无穷无尽的忙碌中，而且剥夺了员工锻炼自身能力的机会：

“放这儿吧，我会处理的。”

“让我想想。”

“这件事，稍后我会通知你。”

“你别管了，我让某某去做。”

“把具体情况跟我说明一下，好吗？”

4. 凡事不要过于追求尽善尽美。

每一位管理者都希望自己所管理的组织一切都非常完美，虽然他们清楚这不大可能。完美永远是相对的，凡事都由你自己来做也未必就会不出一点儿问题。允许员工在实践中犯错，这样他们才能成长。

3. “怎么干”是下属的事，“怎么分”是你要干的事

我相信每一位管理者都清楚，如果能妥善地分派工作，一定可以提高工作效率，让自己的团队拥有更抢眼的业绩。可是，分派工作不是动动嘴巴那么简单，要想公正、有效地妥善分派工作，其中的学问大着呢。

我曾经遇到过这样一个咨询案例，当事人是一位主管销售的经理。在分配工作任务时，他采用的方法非常简单直接，告诉员工，每月的销售指标是五万元，完不成没奖金，完成了就按照超额情况发放奖金。一开始，他过了一段省心日子，大家各忙各的，每次发工资时，有人欢喜有人忧，但没出什么大问题。不知道从什么时候开始，员工之间出现了抢客户和竞相压价的现象。这种明争暗斗，不仅使得整个部门的销售额下降，还使企业的名声受到了影响。这位经理很苦恼地问我，该怎么办。

跟他询问了一些具体情况之后，我告诉他，是你分配工作的方式有问题。我给他的建议是：“把你所有的员工按照业绩分为优、良、中三个等级，然后根据你具体的员工人数以及分类情况，把他们按照优＋中、良＋良分为四个小组。同时，根据以往的销售情况，把公司业务的覆盖范围也划分为四个区域，每个小组负责一块区域。在业绩方面，不要给每个人单独订立销售任务，而是以团队为单位，确保每个小组内部能精诚合作。而且，为了不让四个小组之间因内斗耗费精力，可以规定，假如四个小组全都完成销售任

务，那么除了拿到原本的奖金之外，所有人都可以额外获得一部分奖金。”

后来根据他反馈回来的情况来看，这种做法的效果相当不错。

你一定要相信，分配工作的方式不同，结果会有极大差异。很多管理者都努力在任务的难易之间把握平衡，却往往忽略了分配工作这一举动本身的复杂性。

首先我们要明确一个概念，“分配”任务和“安排”具体工作并不相同。后者涉及的内容更具体，往往只要告诉下属如何实施。而分配任务则不然，它是一个你将决策权下放的过程。不管这个决策是微不足道还是举足轻重，也不管这个决策对既定目标是否有帮助，你在分配任务时，都要将做出决策的权力交给相应的下属。

我之所以要强调这一点，是因为见过很多管理者只是告诉下属如何按部就班去做，而不是交给他们一部分决策权。身为管理者，你在分配任务时，一定要避免自己出现不信任心理，不要总是认为自己的判断就会比下属的判断高明。既然打算把某项任务分配给具体实施者，除了相信他的执行力之外，还要相信这个人的判断力。而你，可以做一名监督者。

根据多年经验，我总结出了分配任务的几宗罪，现在我想请大家看看自己身上有没有这些毛病：

提出期望时不够强硬，让下属认为他们可以忽略这些愿望；

给出的目标不够明确，让下属不清楚应该朝哪个方向努力；

没有给出具体的完成时间，或者设定的完成时间太过遥远；

设定的目标太多，以至于下属会偷懒选择最易实现的，而不是你最想实现的；

当下属手中原有的任务尚未完成时，你给他分配新的任务，让他有借口不理会原有的任务；

对于完成任务的情况不做评价，没有奖惩措施，难以调动下属的积极性。

看完不该做的事情，现在让我们删繁就简，看看在分配任务时，应该注意哪些事情：

任何一项任务的分配，都至少涉及两个方面：一个是确定可以把任务分配给哪些人，另一个是为这些人选择具体的、适合的工作。

在此之后，才是任务的具体分配。你应该简单但是清晰地发出指令，让接受任务的员工专注于某个目标。而且，这时候，有必要采用明确、强硬但灵活的方式，要求他们优势互补，共同努力，这样才能更好地激发大家的潜能。

也许，不管你怎么分配工作，下属都没有异议，但这并不代表你的分配就合理。我们要注意，一定要让每一项任务都和合适的人选相匹配。也就是说，你要保证自己把某项任务分配给某人，是有充足理由的，而不是随意指派的。这一点，接下来我们会详细谈到。

4. 一把钥匙开一把锁，用人也是同样的道理

在人力资源管理中，有一条重要的法则是“各就其位法则”。用管理学者詹姆斯·柯林斯的话来说就是，将合适的人请上车，不合适的人请下车。这句话听起来或许有些冷酷，可是管理者要想成功地管好自己的下属，就必须遵守这项准则。

这个道理如果用中国人更喜闻乐见的表达方式，可以说是“一把钥匙开一把锁”。别小看这句话，它的内涵很丰富也很重要。它至少包括如下内容：选择优秀的人才，激励员工发挥潜能，为他们分配合适的岗位，等等。

职业生涯初期，我在硅谷做技术支持时，部门有一位工程师叫查理。他平时穿着不修边幅，即便在公司聚会时也依然不顾形象。而且他为人孤僻，没人知道他在想些什么，时不时还会自言自语，在众人眼中是一个不折不扣

的怪人。他的工作虽然尽职尽责地完成了，但由于人际交往中的种种问题，所以客户对他的评价并不好。在公司中肯和他交往的人不多，他自己也觉得这样的工作环境非常沉闷，于是跟部门经理提出了辞职申请。

按说，这样的一位下属，辞职就辞职吧。但我们部门当时的经理并没有这么做，他认为查理在技术上是一位不可多得的人才，只是可能被放错了位置。于是，他跟总经理详细汇报了具体情况，希望能够将查理调到研发部。总经理采纳了他的建议，于是查理去了研发部，我们依然是同事。后来，查理在研发部如鱼得水，他专心投入产品的开发中，业绩斐然。

如果某位员工是技术型人才，就不要把他并不擅长的社交工作交给他。对于管理者来说，什么样的岗位需要什么样的人才，这些都应该是心里非常清楚的。有些下属，或许有很多缺点，但是如果这些缺点在恰当的岗位、恰当的场合能够被加以利用，那么他依然是有价值的人才。

也许在你的部门里，能力最强的员工并不适合当前的岗位，所以他的潜力没有得到发挥，能力没有得到锻炼，反而成了最差的员工。所以，好与坏都不是绝对的，只有合适与不合适才是绝对的。管理者的成功之道，贵在如何用人。每一个位置上，如果你都能安排合适的人选，就能给员工合适的空间去发挥，这样，你才是一名合格的管理者。

很多管理者会感慨自己手下没有人才可以使用，实际上，不是没人，是你没有找到开锁的钥匙。

做管理我们要讲究“人岗匹配”，每一把锁，不一定有唯一一把钥匙可以打开，但一定要为它找到一把可以打开它的钥匙。而每一把钥匙都是有用的，只是你没有找到与它相配的锁。具体到我们日常的管理工作中，下属就是钥匙，工作任务就是一把把锁。要想让钥匙与锁匹配，我们至少要考虑以下两点：

1. 对下属进行全面、完整的评价。

你可以请自己的下属用几天时间，用书面形式列举出他们对自己的评价、对工作的定位。你要让他们坦率、诚实地写出自己喜欢什么，愿意承担哪些工作任务，希望在哪些能力方面得到提升，等等。然后也可以请大家列出除自己之外，对其他员工的工作评价。我们尤其要注意那些工作有交叉的员工彼此之间的相互评价，以及那些尖锐的批评。当然，在这里我们也要用发展的眼光看待大家，要了解他们的变化。

2. 了解员工完成工作的速度与质量情况。

对于中层管理者来说，很多时候，我们的工作任务并没有那么复杂多样。这时候，了解员工的工作速度与质量就很重要了。比如，你知道玛丽和雪莉打字都很认真，但玛丽的速度要比雪莉快一倍。这时候，打字的任务无疑可以交给玛丽。倘若玛丽和雪莉，一个打字快，一个准确率高，这时候你就要考虑，自己到底是想把工作完成得更快还是更好。通过对员工工作效率的把握，我们可以更好地量才用人。倘若你的下属中有一个各方面都出类拔萃的员工，你要避免出现把所有工作都交给他做的倾向。

“一把钥匙开一把锁”，钥匙本身没有好坏之分，关键是看锁和钥匙是否吻合。人才和工作的关系，与钥匙和锁还不尽相同。因为人会变，某个员工在特定的成长时期，适合做某一项任务。随着他个人的发展，他或许已经成长，这时他就不再适合做这份工作了。所以在人才的管理中，要懂得变通，懂得用发展的眼光用人。

除了要人尽其才之外，管理者还应该注意，同一项任务只交给一个员工去执行就可以了，没必要将其重复分配给其他员工。否则，任何一方都不会尽全力。

5. 授权就像放风筝，下属能力差你要及时往回收

你会放风筝吗？

我始终认为，放风筝是一件很有意思的事情，它绝对是个技术活，或者说，是一门艺术。就像管理中的授权一样。

我们都知道，放风筝的时候，得风力的风筝会往上飞，这时候就应该放线，不然，牵得太紧了，就会栽下来；而一旦风力很小的时候，就应该收线，把风筝拽紧，不然太松了，它也一样会掉下来。而我们的授权也是一样：如果你过于紧张，整天神经兮兮的，把“权力”看住，让下属没有自由，那么，风筝根本就飞不起来，工作也无法得以开展；反之，如果你对下属过于纵容，他想做什么就做什么，不管是对是错，一味放纵他，该收线的时候都不收，总有一天风筝会一头栽下来。

放风筝的最高境界是：你的心愈轻松，便能将线的松紧掌握得宜，风筝自然就能在天上翱翔。授权同样也如此，收放之间要拿捏准确。想想自己放风筝的感觉，你会如何控制风筝，如何让它平衡在风中，感受翱翔的感觉？其实，你要做的是让风筝在“不逃离你的视线”的基础上，做到“收放自如”，仅此而已。

如果你也放过风筝的话，就很容易理解我总结出来的放风筝技巧：

不肯放手，或者拉得太紧，风筝会飞不起来；

线松得太快，风筝容易掉下来；

想让风筝飞得越来越高，要善于牵引调控，借助风向正确引导；

放风筝的关键是，能放出去，也能收回来。

相应地，管理中的授权也一样。我们应该像放风筝一样，巧妙地授权：

1. 舍得放权，敢于授权。

如果你根本不舍得把风筝拿出来放，无疑，这样的企业是缺乏活力的。管理者之所以不舍得放权，表面上看起来是不相信别人，其实根本原因是不相信自己。道理很简单，一个自信的女人，不会整天提心吊胆地把丈夫看得紧紧的，她会给对方一定的自由空间，管理也是如此。自信的领导敢于放权，给下属成长的机会，这样才能让业绩“飞起来”。

很多管理者担心，授权会使自己的地位显得不那么重要。他们甚至会想：下属把什么事都做好了，要我干什么？老板岂不是会觉得我是多余的？事情完全不是这样的。

美国的很多企业，会对在岗三年以上的中层进行离岗测试。他们一般会召集这些主管进行为期三个月的脱产培训，在此过程中考察他们的工作绩效。考察方式是这样的——看他们所管理的部门在他们离开之后，是否能运转良好。如果离开这位管理者，部门依然可以良好运转，说明他用人授权得当，可以调任更高职位；如果部门勉强可以维持运转，只是时不时会出问题，那么就把这位管理者调去另一个部门再尝试；如果部门陷入混乱，似乎非这位管理者不可，那么等培训结束，这位管理者就会被降级。

2. 授权也要控制“授”的速度。

放风筝的时候，如果一下子松手，给它太多自由，风筝摇摇摆摆是飞不起来的。同样，授权不是弃权，一下子把权力全都下放，或者太快下放，也容易出问题。所以，一开始授权的时候，要慢慢放手，根据员工的实际表现把握尺度，确保自己手中留有一定的权力，并且有足够的牵引力度。

3. 有问题时要及时引导调控。

下属在执行具体工作任务时，需要一定的权限来自主处理一些问题。但管理者要时刻记得，自己站的位置比下属高，看得也要比他们更多更远。如果风向发生变化，我们要根据风向和风力调整风筝飞的方向。同样，如果企业出现什么问题，或者外部环境发生什么变化，我们的授权也要随之调整。

4. 既能授权，也能收权。

放回去的风筝要能收得回来，权力也一样，既要放得出去，也要收得回来。因此，不管下属飞得多高多远，我们都要让他在自己的有效控制范围内。某些工作任务完成了，或者某个项目告一段落，或者企业内外部环境发生剧烈变化时，我们都要确保权力能够收得回来。

总而言之，风筝不放，那是死风筝。但线过长也不行，那样风筝也会因此而飞得无影无踪。对风筝来说，太多的自由等于毁灭。所以，授权并不是说你要给他放纵的自由。脱缰的野马是很难驯服的，一个人一旦没有约束就会为所欲为。聪明的管理者就应该像放风筝高手一样收放有度，操控好手中那根牵扯风筝的线。

6. 下属比你优秀不可怕，可怕的是没有这样的下属

20 世纪广告界公认的大师——奥美广告公司的创始人奥格威说过一句著名的话：“用人的最大失误就是没有任用比自己高明的人。”

为了让自己的这一理念深入人心，奥格威做了这样一件事：一天开会时，他在每一位董事的椅子上放了一个可爱的木娃娃，并且请董事们打开各自面前的娃娃。他们打开后，发现里面还有一个木娃娃。再打开，里面还有

更小的木娃娃。原来，这是俄罗斯套娃。当董事们打开最小的木娃娃以后，发现里面有一张奥格威书写的字条："如果你永远聘用不如你的人，我们就会成为侏儒公司。反之，如果你永远聘用比你高明的人，我们就会成为顶天立地的巨人公司。"

从此以后，奥美公司形成了这样一个传统：每当公司提拔一位新的管理者时，都要送给他们一个俄罗斯套娃，这个礼物的意义非常明显：不要让自己的部门像套娃一样，要用更自信、包容的心态去任用比自己更有能力的人。

在如今这个时代，每一名管理者都必须接受这样一个事实：你在自己所处的领域里或者该领域的某个具体方面，在专业上不如自己的下属。这不是一件多么丢脸的事情，因为当你致力于发展自己的管理水平时，你的员工在努力提升业务水平。

关于这一点我深有体会。如果大家还记得的话，我最初的工作是程序员，这一行业的发展可以用日新月异来形容，在业务方面绝对是不进则退。当我开始转为人事管理时，很快就发现，原本是业务精英的我，在短短三个月的时间里已经落后于潮流了。我虽然了解整个部门各个项目的大致情况，但在具体细节方面，我比不上很多下属。

在经历了最初的沮丧之后，我很快就释怀了。在信息时代，管理者并不像工业时代一样，只是技术最熟练的高级工人。所以，在这个知识体系不断更新、专业分化越来越细的时代，我没必要让自己成为最专业的技术人员。我是管理者，在管理方面体现出我的价值就可以了。

事实上，大家想想看，我们在日常生活中，每天不是都把很多事关自己的决策权交给更优秀的专业人士吗？生病了，你会看医生；孩子的教育，你会送到学校；汽车坏了，你会送到修理厂……之所以这样做，一方面是因为你不可能所有事都亲力亲为，另一方面是你相信这些专业人士在某些方面可

以比自己做得更好，所以你可以利用他们的专业知识、技能为自己服务。正因有了他们，你的生活质量才变得更高，不是吗？那么，同样的道理，在工作中，你又有什么理由拒绝那些比你专业能力更强的员工呢？

你唯一要做的就是，设法让员工保持最佳的工作状态，利用他们的知识和能力为你自己、为企业服务。

我相信每一位管理者都愿意拥有优秀的下属，而且这些下属最好既能干又听话，既忠心又没有野心，任劳任怨且从不抱怨……但这样完美的员工是可遇而不可求的。很多管理者之所以担心下属比自己优秀，主要是害怕下属认为你不如他，所以不服从你的指挥；或者担心下属认为你限制了他的发展，背后说你坏话；或者担心下属能力太强，威胁到自己的地位。因此，我认识的很多管理者，都会因为下属比自己强而或多或少感到尴尬。关于这一点，我始终会跟他们强调，不要担心下属比你强，下属都不如你才可怕。可是，当我们面对比自己强的下属时，又该如何自处呢？我有一些建议给大家：

1. 承认下属比自己强，坦然接受。

我刚刚讲过的自己的经历，可以供大家参考。承认下属比自己强，并不是什么丢人的事。因为，发现、培养人才本来就是管理能力的体现。虽然我未必懂最先进的技术、最流行的时尚，但正所谓“闻道有先后，术业有专攻”，员工要做的是贡献自己的能力，而我要做的是给他们创造更好的施展才能的机会。大家各司其职，并不冲突。

2. 以情动人，与优秀下属友好相处。

从某种意义上来说，管理在很大程度上是处理人际关系。为此，首先你必须充分尊重他，在他的专业领域授权给他，然后要在合适的时间，比如茶歇，和他一起聊聊天，表现出对他的工作的关注、热情和信任，多给他鼓励和激励，争取以情动人。当然，你可以对某个优秀下属工作的具体内容一窍不通，但你一定要很好地控制这个优秀的下属，同时别忘了树立自己的威信。

3. 对优秀下属不可放任不管。

尽管你清楚这位下属非常优秀，他的业务能力出众，但是作为向他提供资源的管理者，你要管好人，才能让他们干好事。一般来说，优秀的人才会有自己的一些小毛病，最常见的就是恃才傲物、过分张扬等。所以管理者一方面要多与他们沟通，调动其工作积极性；另一方面也要善意地指出他们的不足之处，为其创造一个友好融洽的工作氛围，不至于被孤立。

4. 技术性强的行业，管理者要虚怀若谷地学习。

某些行业，比如 IT 业、软件业、建筑业、法律行业等，特点是专业性特别强。如果管理者对这些领域完全不懂，本身就不适合做管理者，因为外行不仅很难做出正确决策，甚至交流也会很成问题。这时候，管理者要试着精进业务，但切记你没有必要成为所有技术方面的专家，只要能扭转自己的专业劣势即可。一方面，可以利用自己原有的技术经验，多从全局把握；另一方面，要不断充电，放下架子，多和下属沟通，另外自身也要通过业余学习迅速提高能力，为自己打造良好形象。

7. 离职成本很大，所以不要轻易放走骨干精英

在每一家企业里，人员的去留都是不可避免的。对管理者来说，拿到员工的辞职信也是工作内容的一部分。有些管理者会觉得，既然对方打定主意要走，强扭的瓜不甜，我又何苦执意挽留呢？

问题在于，主动提出离开的，往往是你不想失去的人才，而不是那些你

认为去留都无所谓的庸才。

有一次进行管理咨询时，一位总经理满面愁云地说接到了两份辞职报告，一位是公司的技术总监，另一位是销售经理，这两个人都是公司毋庸置疑的业务骨干。他们突然提出辞职，会让公司的业务陷入很大麻烦。虽然他们按照规定提前提出了辞职申请，但都要求在一个月之内把工作交接完毕，好让他们尽快离开。

对这位总经理来说，他肯定是希望挽留这两位骨干的。因为技术总监不仅掌握公司的全部技术信息，而且短时间内很难找到可以接替他的人才。而销售经理则掌握着公司绝大多数重要客户的信息，且与他们关系良好，因此他的离职极有可能带走大量客户。所以，为了不让公司遭遇巨大损失，他希望能付出一些代价来挽留他们。可不管是情感还是实际行动上，都不知道该怎么做。

我相信这种情形，每一位管理者都有可能遇到。面对这种情形，毫无疑问，理智上我们应该选择挽留。至于挽留的方法，应该视具体情形而定。

一般来说，基层骨干精英的流失原因主要有三个：

第一是个人原因。也许这部分员工来到公司的初衷就是寻找一块跳板，让自己获得相关技术和工作经验。一旦目的达到，他们会选择待遇更好的企业。比如，国内的很多应届毕业生都会这样做，他们初到企业的时候还是新手，经过一段时间的工作之后，他们已经很清楚自己的业务能力，所以必然会寻求更高的报酬、更大的挑战、更好的发展空间。体现在具体诉求上，就是要求加薪、升职、担任项目负责人等。这时候，企业如果不能满足他们的要求，他们就会转而把目光投向其他企业，向外寻求机会。

第二是公司原因。由于某些企业的制度不够合理、健全，或者管理者本身素质不高，不能有效地激励员工，那么业务骨干极有可能出于对评估体系、薪酬结构、长期职业发展规划的不满而离开。

第三是外界原因。优秀的人才总是受欢迎的，也是稀缺资源。所以，他们可能会面临更多的诱惑，很多同类性质的公司会给出优厚的条件来吸引他们。所以，竞争对手的挖墙角、这些骨干的同学朋友等人的薪酬职位等，也会成为他们离职的重要原因。

如果把这三个原因综合起来，我们可以简单归纳为：薪酬太低、上升空间太小、发展机会太少。

然而对企业来说，正是这些战斗在第一线的骨干，掌握着企业的关键技术，掌握着企业的大量客户资源。所以，一个部门的骨干离职，带来的负面影响是多方面的。首先，他负责的那一部分工作可能会被迫中断，大大降低工作效率，或者他的离去会同时让公司损失一部分优质客户；其次，为了填补骨干离职所留下的职位空缺，公司必须花费一笔费用来招聘人才或者培训继任者；再次，骨干员工离职，极有可能会影响在职员工的情绪，更有甚者，使得整个团队都士气低迷。

这时候，管理者一方面要对他们的选择表示理解，另一方面自己心里也要明白，这些下属提出辞职并不是目的，只是一种手段，目的是为了满足自我实现的需要。假如你能够满足他们的需要，那么挽留他们并不是什么难事。

要知道，员工选择辞职一定是有原因的，我们应该首先进行面谈，了解员工为什么辞职，辞职的目的是什么，这样才能对症下药。根据我的经验，具体来说，我们可以从以下方面入手：

1. 用待遇来挽留人才。

员工对企业的感情再深厚，也要考虑柴米油盐等生活问题。所以加薪是最基础也是最常用的挽留方法，把薪资福利提高，让员工满意，这样可以解决单纯因为对待遇不满而试图离职的员工。但是，提高待遇的标准，要结合整个行业的薪酬水准来考虑。

2. 给他们提供更广阔的发展空间。

很多知识型员工都会渴望获得职业上的成就感，他们可能会有自己的职业规划。未来他们可能会有两个选择，一是管理路线，一是技术路线。我们要结合员工自身的能力和性格特点，帮他们规划未来的职业发展路径。

3. 从情感上获得他们的认同。

有些员工提出离职是因为人际关系问题，他们无法拥有融洽的工作环境，或者无法得到其他同事的认同，所以也要注意从这些方面入手挽留他们。

4. 反省企业存在的问题。

当骨干员工提出辞职时，不管是否出于个人原因，我们都应该反省企业是否存在问题。比如，是否进行了前瞻性的人力资源规划，是否及时把握了员工的思想动向，员工的违约成本是否太低，公司对个别核心人才是否过于倚重，等等。

8. 不要对别人缺乏信任，但也不要过于信任任何人

我认识的很多管理者，毫无疑问都是非常有能力的人。这些有能力的人，往往具有较强的自信心，他们对自己能做什么很有把握。然而，他们中的很多人有一个共同的毛病——对他人不太放心，不放心别人能把事情做好。于是不知不觉中，他们养成了事必躬亲的坏习惯，或者不敢授权，或者在授权之后不断插手干涉，让下属大为不满。

事实上，假如你总是按自己的行为模式要求他人，错误地注重表现而忽

略结果，那么这种不适度的要求，自然会对别人产生不信任感。

正所谓“用人不疑，疑人不用”。将心比心，让我们换位思考，倘若你的上司给你分配任务时流露出不信任的情绪，你会怎样想呢？除了情绪上不大舒服之外，更糟糕的结果是，你会告诉自己“反正上司也不相信我能做到，搞砸了也在他的意料之中”，于是你会对任务不再尽心尽力。

那么，你希望自己分配下去的任务也被如此执行吗？如果不想这样，就要对员工表现出信任的态度。比如，你可以告诉他：“这项工作对我们公司很重要，我相信你一定能让我们满意。”诸如此类的话，可以对员工产生很大的激励作用。

但我必须提醒大家的是，信任不能只停留在口头上，而是要用行动表示。倘若你只是嘴上表示信任，却在授权以后对员工横加干涉，只会让他们无所适从。这样的后果是，员工既无法发挥主观能动性，也会对管理者产生不信任感，形成一种恶性循环。所以，身为管理者，我们要让团队中的其他成员感受到被信任的美好。

不过话又说回来，很多事情都是相对的，信任也一样。我们要给员工的是信任，而不是放任。信任过头了，就是放任。比如，你把任务分配完后就撒手不管、听之任之，那就是放任。所以，信任同样也要理性地把握好度。尤其是在年轻员工较多的企业，由于价值观与人生观的差异，80 后与 90 后在工作中会有一些比较自我的行为。我们不仅要确保自己的信任不被滥用，还要让下属知道，如果他们辜负了自己的信任，会有多么严重的后果。

当然，这种由于放任造成的严重后果，没有人真的想看到。那么，我们就必须在授权与信任的同时，拥有监督与控制的概念。中国的管理者尤其应该留意这一点。

我刚刚回国的时候，在国内一家较为知名的企业担任总经理。上任没多久，了解公司的基本情况之后，我向财务主管们提出，要设立一个每月审查制度。这一提议遭到了他们的一致反对。理由是："如果你不相信我们，就不要让我们做。既然你交给我们去做了，就应该充分信任我们。"

在国外，这一制度是司空见惯、合情合理的，我没想到会遇到这么大的阻碍。但转念一想，这的确是中国人的一个特点，在我们的概念里，似乎信任就意味着绝不干涉，而考核、监督、检查这些概念都是出于不信任。而且，很多管理者监督考核的初衷，确实是因为不信任。如此一来，无疑形成了一个恶性循环，使得"信任"这一问题变得格外棘手。

想通了这点之后，我对大家说："每月进行例行检查，不是对大家不信任，而是对你们的保护。你们都很清楚，如果出现了问题能够及时发现，就可以很快纠正，不会对你们个人和公司造成多大影响。如果我给予你们所谓的充分信任，一直不审查，那么一旦出了问题，肯定是大问题，到时候我想帮也帮不了你们。现在，你们谁能跟我保证，自己绝对不会出任何问题呢？"

没有人敢跟我保证自己不会出问题，所以虽然他们并不情愿，但我依然坚决执行了这项制度。事实证明，大家很快习惯了这项制度，而且觉得工作起来比以前更安心。在我的任期内，财务方面没有出现过问题，证明了这项制度效果良好。

从我的这段经历中，大家可以看出，"信任"和"监督"并不冲突。身为管理者，对工作流程进行控制是正常的，也是必要的。用 IBM 公司前总裁郭士纳的话来说就是："如果强调什么，你就检查什么；你不检查，就等于不重视。"

所以，对管理者来说，把握好"信任"的分寸和方法是非常重要的。一方面，我们要离下属"远"一点儿，别把他们看得太紧，最大限度地放行；另一方面，也要制定一些监督他们行为的规章制度和控制手段，有章可循就会避免他们产生被监视的感觉，这样才能收效良好。

9. 让员工及时做汇报，让你省时省事又省心

大家应该知道一个常识，在管理学中，管理有计划、组织、领导、控制四项职能。“控制”这一职能，是为了确保管理效果能够达到计划目标。正如我们之前所说的那样，对员工既要信任，又不能放任。所以我们在授权之后，仍然要监督与控制。而让员工及时汇报，就是最常用也最重要的控制手段。

我在从事管理工作之初，有一回把工作交给一个下属去做，让他一周之内完成。由于他一向深得我的信任，所以我没有过多关注工作进展。在此期间，我曾随口问起进度，他的答案是“没问题，正在稳步推进”。但一周之后，结果让我既震惊又失望。

从此之后，我吸取了教训，不管你是否信任这个下属，都要让他及时进行工作汇报。这样表面上看起来增加了工作量，实际上能让我们真的省时省心。

但是有一次在讲课中，一位管理者给我提出了这样的问题：“我授权给下属，试图给予他适度的信任，有必要让他们经常做汇报吗？如果他们的进度不尽如人意，我听了他们的汇报又能怎样呢？”

我没有正面回答他的问题，而是反问他：“你开车上班的时候，假如堵车了，你会看表吗？”

他觉得莫名其妙，迟疑了一下，回答：“是的。”

我又问他：“你很清楚路况，已经堵车了，没办法移动，除非选择其他路径，否则你能做的事情只有等待，可是你会不自觉地看手表。你有没有想过是为什么？”

他摇摇头。

“你也知道，看手表对于堵车来说是没有意义的，它并不能改变现状。

但我们都会忍不住看手表，这一举动本身是有意义的，它可以让我们了解时间，让我们掌握现状。在此基础上，我们可以判断自己是否会迟到，会迟到多久，该采取哪些措施使现状对自己产生的危害最小。同理，下属汇报工作也一样，他们会向你提供信息，以便你明白现状，做出决策。”

在我看来，这就是汇报工作的必要性。管理者的决策是否英明，除了与自身素质有关，还取决于是否能够掌握准确的信息。因此，我们不仅要求下属及时汇报工作，还要对汇报的内容、方式方法有所要求。

1. 汇报形式灵活多样。

我们说要让员工及时汇报工作，可是，“及时”这个度该怎么把握呢？如果汇报太频繁会浪费彼此的时间，如果次数太少也难以达到初衷。我认为这个问题不可一概而论，汇报的频率、方式，我们都应该灵活处理，根据具体情况确定：

一般来说，正常情况下，员工一周汇报一次工作就可以了；

如果某项工作难度较大而且优先级比较高，可以要求员工频繁汇报，比如一两天汇报一次；

如果某位员工经验不够丰富，那么他的汇报次数可以比老员工多一倍；

如果出现较大的意外情况，可能会对结果产生影响，这时候要及时向管理者汇报；

除此之外，鼓励员工在有困难时可以随时前来汇报，同时也要让他们明白什么是不必要的打扰。

至于应该采用哪种汇报方式，是口头汇报还是书面汇报，也应该因地制宜：

一般情况下，让每一位员工在每周例会上口头汇报重点问题即可；

如果你要求新员工每天都汇报，那么最好以口头汇报为主；

遇到紧急情况、意外状况时，可以选择口头汇报；

如果你让经验丰富、能力很强的员工只在项目中期或结束时汇报，则以书面汇报为宜；

如果事关具体工作内容且项目周期较长、信息量较大，适合书面汇报；

在管理者时间允许、汇报内容要保密等情况下，可以进行单独汇报。

2. 汇报内容简明扼要，准确真实。

你让员工进行汇报，是为了对他们的表现及时进行评价，以求得改进。并不是为了汇报而汇报，所以切忌使汇报流于形式。

根据我的经验，对于中国的管理者来说，怎样让下属认真负责地汇报才是关键。否则，管理者很可能会听到一些敷衍的套话。

当你向下属提出汇报工作的要求时，可以提示他们你需要的内容。比如，如果是下属接手了某项任务，那么在下属汇报工作时，你要他们向你提供如下信息：工作是否如期推进，还有多少尚未完成，遇到了哪些问题以及是如何解决的，是否能够达到预期目标，是否发现了完成工作的新方法，是否从工作中学到了一些新东西或得到了某种益处，等等。

我想要提醒大家的一点是，你给出的这些只是建议。管理者需要什么样的信息并不是重点，重点是员工要汇报的信息。比如，在工作中有哪些需要，遇到了什么困难，需要上司提供哪些帮助或协调，等等，这些都非常关键。

同时，在听取完员工的汇报之后，管理者一定要及时做出反馈。对于完成工作的期限和要达到的目标，甚至包括行动方案等，都要给出明确指示。这样做，才能让员工感觉到自己的汇报是有意义的，他们才会认真对待每一次汇报。

Part 4

大家都知道，管理不外乎“管人”“理事”，而“理事”也离不开人，因为事是靠人去实现的。事实上，我们对于财、物、信息等方面的管理都离不开人，所以说人是管理对象中最重要的因素。把人管好了，制订的各种计划才能成为现实。那么，你是怎样管人的呢？除了身教之外，在管人过程中，我们必然要言传。所以，如何与员工沟通，是管理者必须重视的一项关键能力。

沟通篇：

如何让内部交流更畅通？

1. 懂人性通人情，你才能成为好领导

身为管理者，沟通在我们的日常工作中占据重要地位。我们不仅要往上沟通，和同级别的其他管理者沟通，还要往下沟通，听取下属的意见和建议。

也许大家会说，没错，我每天都在跟下属沟通啊。真的是这样吗？也许你每天都在跟下属说话，但那未必是沟通。而且，即便你有意识地想要沟通，也未必就真的做好了。

俗语说，“一句话说得人笑，一句话说得人跳”，大家千万不要小瞧了语言的力量。倘若大家留心观察过人与人沟通的情形就会发现，同样的一句话，用不同的表达方式说出来，效果大相径庭。所以，很多时候，能不能赢得下属的心，关键就看你能不能把话说得巧妙。

所谓巧妙，指的是我们能够用最善解人意或最贴切的话来表达自己的意图。而要想达到巧妙的境界，就必须对周围的人、事十分敏感，并掌握说话的技巧，随时都能果断地陈述自己的意见，重点是不能引起他人的反感。在管理中，用这种技巧来与员工沟通，就更容易让他们心服口服。

那么，如何才能掌握沟通技巧，巧妙地与下属沟通呢？

管理学中有一句流传甚广的俗语：“管事要管人，管人要管心，管心要知心，知心才同心。”的确如此，管理与人性是密不可分的。每个人都有七情六欲，有喜怒哀乐，有种种不同的观念、心态。在管理下属的时候，一定要了解人性，通达人情，才能赢得人心，使管理效果事半功倍。

我相信大家都有丰富的社会阅历和人生经验，应该知道，有些人性和人情世故，我们可以从书中读到，但有些要自己去总结。根据我的人生和管理经验，我发现总结了一些心得，在这里挑选一些与大家分享：

1. 相信人性本恶。

我无意与大家讨论性善性恶的问题，只是我相信，如果大家本着“人本来都是自私的”这样的观念去管理，至少不会出大错。正因为人性如此，所以我们需要各种规章制度来约束人的恶行。当然，这并不意味着大家要把下属想象得十恶不赦，但承认人性的不完美，会让我们更宽容、更妥善地处理很多问题。

2. 人是很难改变的。

想想我们自己改掉一个坏习惯要花费多大力气，就能知道想让你的下属做出改变有多难。所以，比起要求下属改变，更容易做到的是，根据每个人的性格和行事特点分配任务，而不是要求他们在短时间内变得符合工作岗位的要求。

3. 人天生喜欢被称赞。

人天生就有喜欢被赞美不喜欢被批评的特点，所以想要让下属更积极地工作，我们可以适当采用赞美的方式，让他们的心理得到满足，从而有利于开展工作。

4. 人都有好胜心与自尊心。

正因为这样，激将法才那么管用。所以在管理中，我们可以适当运用好胜心激发员工的斗志，使团队拥有昂扬向上的风气，激发他们的潜力。

5. 人都有惰性。

人的天性是好逸恶劳的，所以不要寄希望于员工拥有不竭的工作动力，而是应该既准备大棒也准备胡萝卜，建立起科学完备的管理体制。

6. 人都喜新厌旧。

这一点可以让我们明白，管理方式是应该常变常新的，比如，奖惩手段要不断创新，不让员工感到麻木，才能达到更好的激励效果。

以上列举的这些是我多年观察的结论，相信很多管理者对人情人性都会有自己的感触，只是很多人并不见得会将宝贵的人生感悟应用到实际的管理工作中去。很多管理者都喜欢偷懒，他们希望最好有人把所有应做的事像规章制度一样一条条地列出细则，那样就太省心了。

实际上，所有伟大的管理者都是规则的缔造者而非盲从者。管理是一门艺术，是要用心去做的。它需要我们在不断丰富知识和人生经验的同时，从中提取出智慧，运用之妙存乎一心。只有这样，才能在现有的岗位上游刃有余，进而获取更广阔的上升空间。

2. 你和员工“整虚的”，他们也不会和你“玩实的”

中国有句为人处世的俗语是“逢人只说三分话，莫要全抛一片心”，很多人将其奉为圭臬。诚然，它可以保护我们少受伤害，但所有的保护层同时也是隔离层，它把我们层层包裹在中央，既隔绝了虚伪与伤害，也拒绝了真诚与善意。

并且，身为管理者，你不可能将自己封闭起来，必然需要与人沟通。无疑，大家在与上司沟通时都会慎之又慎，唯恐自己说话不够得体。但在与下属沟通时呢？根据我的经验，也许是因为担心自己的位置被下属取而代之，也许是为了维护自身的形象，很多管理者对下属都有一种隐隐的不信任感，他们自己甚至都没有意识到，但这种情绪会在言行中反映出来。

比如，他们或者给自己戴上面具，整天绷着脸；或者说话玄之又玄，让员工捉摸不透；或者朝令夕改，将员工玩弄于股掌之中。这些试图保持自己威严的举动，顶多只会获得“畏”，不可能赢得员工的“敬”与“爱”。如果你整天让下属感到战战兢兢，他们怎么可能向你表达自己的真实想法和企业的真实情况？如果你整天跟下属说话云里雾里，他们也会让你如同雾里看花。最终的结果是，管理者与被管理者之间会保持一道看不到的鸿沟。

然而我很遗憾地发现，为数不少的管理者是怀着纯粹“利用”的心态来管理下属的。在这样的心态下，除非你的下属都是傻瓜，否则你绝对不可能让他们长久地为你卖命。于是，这些员工开始阳奉阴违、虎头蛇尾、花拳绣腿、互相推诿、争功推过……种种你不愿意看到的形式主义开始出现。这时候，你认为自己的团队会有怎样的业绩？

我们都知道这样一个道理，除非对方是傻瓜或者圣人，否则，一般来说，你怎样待人，别人也会怎样待你。大家既然是管理者，那么在和下属沟通时，本身已经处于优势地位，所以必然会影响谈话的基调与走向。我相信大家都希望得到下属的真诚相待，那么，你就应当首先主动真诚地去对待他们。

这种真诚，首先表现在用一颗真诚的心来对待下属，和他们真诚地进行沟通。明理的人都不会拒绝一颗真诚的心，而是会以更加真诚的心来回应你。双方都能打开心灵的壁垒，用沟通架起心灵的桥梁，才能真正实现理解，达成共识。

这一点相信无须我多讲，需要提醒的是另一点：要尽可能传递有效的信

息。相信大家都有过这种感受，凡是我们认为有用的信息，都会集中注意力去接收。倘若我们认为这些信息一点儿用都没有，大脑会自动拒绝接收。

所以，在跟下属沟通的时候，如果你传达出的无用信息过多，就会让他们的注意力大大降低，因而其中有实质内容的信息也被忽略掉，导致沟通彻底失败。

那么，沟通中的无用信息主要有哪些呢？作为管理者，我们一般不大会跟下属闲聊家常，所以无用信息一般表现为一些套话与冗长的废话。

举个典型例子吧，每一届的美国大选都是一场精彩的秀，我们从中可以学到很多管理智慧和领导哲学。有一年的美国大选中，佐治亚州的议员约翰尼·艾萨克森登上参议院的讲台，要谈一下联邦税制这个复杂且不合理的体系。他是这样说的：

"简单地说（多具有讽刺意味啊），我们应该于 2008 年 7 月 4 日废止目前的税制。并要求国会在这三年中分析消费税、累进税、单一税和各种各样的收入，以及每种税对经济和经济政策的影响，然后在这一天到来之前向美国人民提供一个新的、更公平的、更单一的税制体系。或者如果做不到这点的话，美国国会就应该在这里投票表决我们是否应该继续实行现存的税制体系，是否应该继续忍受其所有的不公平。"

不知道大家有没有耐心读完这段话，实际上，他想要表达的内容，我可以这样简洁地概括出来："国会应该在三年内研究并简化税制。"

假如你经常这样说话，结果只有一个，对方不会注意去听。当你把一件简单的事情说得让人听不明白时，对方或者认为你的表达能力有问题，或者认为你不够真诚。于是，他们回应你的只有不耐烦与虚情假意。

所以，我始终坚持，管理中的沟通是否有效，不在于你的语言多么优美，表达得多么流畅，而在于你是否让下属感受到你的真诚。倘若你能用真诚与他们建立信赖关系，那么恭喜你，沟通已经成功了一半。

3. 出现矛盾，你既要当裁判又要学做“和事佬”

只要有人的地方就会有矛盾，更何况是同事这种有直接利益关系的群体呢？我们的日常工作往往需要团队成员之间相互协调、配合完成，不管是因为利益冲突，还是因为处理问题的方式，抑或是因为沟通不畅导致的误解或带着个人情绪工作，都很容易产生分歧、出现矛盾。所以，身为主管，在我们的日常管理工作中，处理下属之间的矛盾是难以避免的内容。

这时候，在闹矛盾的下属之间，我们该扮演什么角色呢？

首先我会告诉大家，不要一听到下属闹矛盾就心烦。我们虽然不欢迎下属之间产生分歧和矛盾，但也无须害怕，只有正视它们才能妥善解决。

然后，在解决员工的具体分歧和矛盾时，大家可以把握三个原则：一是公正不偏袒；二是不可听信一面之词，要了解矛盾真相；三是不可盲从经验，要具体事情具体裁断。

我在担任主管时经常遇到员工间闹矛盾的情形。比如，有一次，公司新来了一名员工安娜。和很多刚刚开始工作的大学生一样，她勤奋好学、待人热情，让我很欣赏。

但有一天，她去办公室找我，刚开口就掉眼泪了。原来，她和同事闹矛盾了。她日常的工作是为部门的项目组提供保障。这天，公司的规章制度和某个项目组的特殊需要发生冲突了，她坚持按原则办事，而且她本身是一个坦率的人，所以有话直说，和项目组的同事琳达发生了冲突。最后，琳达当着众人的面，用很激烈的言辞讽刺她。她觉得自己没有做错，可是却受到这种羞辱，不知道该怎么办。

听完她的诉说，我反倒松了口气，因为我知道琳达和安娜都是心直口快的人，这种人虽然容易与人发生冲突，但也不难化解。而且，两人今天的争

执是出于工作，可以说是就事论事。比较麻烦的一点是，两人是当众发生冲突的，有很多同事目睹，如果处理不好，就有可能让所有下属不满，也会导致两人之间心存芥蒂，形成根深蒂固的敌意。

最后，我是这样处理的：

我先跟安娜说："你入职以来的工作表现我都看在眼里。你能对老员工坚持原则，这是非常正确的，我应该表扬你。琳达用言语讽刺你，是她不对。不过，我希望你别太介意，同事们都知道，她平时说话的风格就比较犀利，并不是针对你才这样的。琳达跟你起争执也是为了工作，不是为了自己。你们俩本身没有矛盾，相反，你们有着共同的目标，都是为了公司好。只是你们各自的立场不同而已。你比她年轻资历浅，所以我建议你不妨找一个机会，比如谈工作时，借机向琳达示好。这不是一种示弱，而是胸襟度量的体现。你说呢？"

安娜跟我倾诉了一番，也得到了支持，所以明显情绪好多了，答应着退出去了。

安娜离开后，我把琳达叫进来，先让她陈述了一下事情经过，听到她的表述和安娜并无太大出入，我就跟她说："琳达，你为工作据理力争资源，真的是非常敬业，我应该表扬你。但你是老员工了，应该知道，安娜是新人，她必须也只能按制度办事。你们的出发点都是为了维护公司的利益，有了这个前提，就是内部矛盾，对不对？安娜有什么地方做得不妥，你要多多帮助，不要让其他同事觉得你不能容人。你说是不是？"

琳达听我这么说，也不好意思地说："是我不对，我应该来向您请示，而不是让安娜为难。"就这样，两个人握手言和，矛盾就这么解决了。

其实，处理矛盾并不像我们想象中那么棘手，只要你对每一位部属的个性、气度、优缺点都了若指掌，并且掌握一定的矛盾处理技巧。那么，除了上面的三条基本原则，我还有几条非常管用的建议给大家：

1. 不要火上浇油。

在双方情绪都比较激动时，首要任务不是判断谁对谁错，而是告诉他们你已经受理了这个问题，让他们先冷静下来，随后你会妥善处理。

2. 各个击破，暗中解决。

要知道，人人都爱面子，所以即便对于谁对谁错已有判断，也不必公开表达出来。除了那些有教育意义的矛盾之外，其他争执都适合采用安抚手段，给矛盾双方分别做思想工作。

3. 非工作矛盾，不轻易介入。

有时候，下属之间的矛盾并非出于工作原因，而是私人感情。即使这些情绪会影响工作，管理者也不要轻易介入，可以告诉他们："我不想知道你们因为什么争执，但在工作中，我要求你们戮力合作，不要让私事影响工作。希望你们清楚这一点。"

4. 防止自己卷入矛盾。

面对员工的矛盾，管理者只有置身事外，才能客观公平地处理。倘若不小心让自己陷入矛盾的旋涡，会使矛盾激化、扩大化。所以，在处理矛盾时，一定要避免引火烧身。

5. 防患于未然，才是上上策。

如果处理矛盾是"救火"，那么防止员工之间产生矛盾就是"防火"。无论救火多么及时有效，都会有若干损失，防火则不然。所以，最高明的管理者会千方百计提高管人的能力，避免员工之间产生矛盾，而不是忙于解决矛盾。

4. 团队不是玩“得州扑克”，每个人都闷着自己的牌

不知道大家有没有玩过一种名叫“得克萨斯扑克”的游戏，它简称“得州扑克”。简单来说，玩法是这样的：它使用除了王牌之外的五十二张扑克牌，玩家可以有两到八个人。每个人手中有两张底牌，只有自己知道它们是什么。然后桌面上会放五张公共牌，这些是大家都能看到的。每一个玩家需要做的，是从这七张牌里挑选出最大五张的组合。然后根据规则比牌，谁的牌最大谁就获胜。

这是一个锻炼智力、勇气，技巧性非常强的游戏，我个人很喜欢玩。也许你和我一样都是得州扑克的爱好者，但你是否和我一样清楚，团队之间的沟通是不可以这样的？所有人都闷着自己的牌，猜测对方的实力和想法，在游戏中会很有意思，但当管理者遇到这样的团队时，一定会非常头疼。

我在做管理培训时经常会讲到这样一个故事，来说明沟通在团队中的重要性：

有一次，几个商人搭乘一只渔船渡江，小小的渔船上载满了货物。结果途中遇到暴风雨，渔船眼看就要被打翻了。这时候，船家告诉大家，为了避免沉船，保住性命，大家要把身外之物都扔下去。于是，尽管万分不舍，商人们还是眼睁睁地看着船家把一箱箱货物都扔到水里。到最后还剩下一只箱子时，他却住手了，留下了那只箱子。

商人们感到奇怪，短短几句交流后，得知那只箱子是船家自己的。他们很生气，趁船家不备，一起动手把他那只沉重的箱子扔进了水里。没想到，

那只箱子刚刚扔掉，船马上开始颠簸起来。原来，船家知道舟小浪大，所以在适当的位置放了只沉重的箱子使船在风雨中更平稳。他没有想到商人们会这么做，让一船人全都置身危险之中。

很多人都会责怪商人们不信任船家，但难道船家就没有责任吗？倘若他肯与其他人沟通，告诉他们这只箱子的用途，也就不会发生后面的悲剧了。

我讲完这个故事后，有学员给我讲了这样一个故事：

“我是公关部经理。有一次，我们部门负责为公司策划一项大型宣传活动，涉及生产、采购、销售、会计等很多部门，很多琐碎的工作需要它们提供协助。然而在和销售部打交道时，下属告诉我对方很不配合，遇到了很多障碍。在屡屡碰壁后，我出面和销售部经理接洽，对方态度倒是很好，但就是一直在打太极，既不说不支持也不说支持，反而跟我诉苦，说自己部门工作本来就很忙，人员不好管理，等等。

“我觉得很纳闷，按说需要销售部协助帮忙的工作并不用花费它们太多的时间、精力，而且他如果不肯合作，为什么不明确拒绝呢？正当我为这件事苦恼时，另一位部门经理告诉我，其实，销售部经理只是希望自己的名字出现在筹办名单里，就这么简单。我这才恍然大悟，这本身并不是一件难事，让他如愿以偿之后，事情很快就圆满解决了。

“我的疑问是，销售部经理既然是这样想的，就说出来啊，不说出来别人怎么会知道呢？猜来猜去的，多耽误工作啊。”

大家既然是同事，就要一起做事。虽然有竞争关系，但最主要的是合作，既然是合作，就要了解对方的所思所想。可是怎样才能知道对方的想法呢？这有赖于沟通，而对话是最直接也是最重要的沟通方式。倘若大家都像玩得州扑克一样不肯交流、相互猜疑，无疑在工作中会遇到很多障碍，让问题复杂化。

所以，身为管理者，你不仅要重视自己与员工的沟通，还要让员工之间养成良好的沟通习惯，以减少心理隔阂，建立更融洽的工作关系。而且，切记不要臆测，因为臆测往往会让你远离事实真相。

5. 在集体活动中有效沟通，是聪明人的做法

刚刚我们讲过，团队不是玩得州扑克，成员之间需要沟通。事实上，大家都知道，在工作时间我们往往不能给员工太多时间去交流感情，大家只能就事论事谈论工作。同时我们也知道，在一定的感情基础上沟通，效果要好得多。因此，集体活动就成了大家联络感情、增强团队凝聚力的良好途径。

但是，集体活动绝不仅仅是一群人出去大吃一顿，或者游山玩水那么简单。所谓众口难调，员工性格各异，对集体活动有各自的看法。要想在集体活动中让团队成员更好地认识彼此，拉近距离，有效沟通，管理者必须花点儿心思。

根据我组织集体活动的经验，以下三点内容是所有管理者都要注意的：

1. 调动大家参加集体活动的积极性。

不要想当然地以为所有员工都愿意参加集体活动，我知道很多员工性格内向，平时工作积极，但对参加集体活动兴致索然。而一些职场新人，因为与同事不熟，也不愿意参加集体活动。对此，该不该强求呢？

我的答案是，不强求但尽量争取。集体活动的初衷本来就是为了让大家加强了解，避免因为不熟悉而产生尴尬。所以我们应该让这些员工明白，人与人之间的交往必然存在一个相互试探的过程。如果两个人之间的距离是一百步，别人可以走九十九步，但你自己必须迈出一步。所以，如果不想感觉被同事孤立，最好还是和大家一起参与到集体活动中去。

2. 避免在集体活动中谈工作。

我们组织集体活动的最终目的是为了让大家在工作中能更好地协作，但这并不意味着在集体活动中就应该三句话不离工作。

有一次培训时，我听到一位学员这样跟我抱怨：“公司最近效益不大好，士气低迷，老板为了振奋人心组织了一场郊游。本来，我想借机在山水中好好放松一下心情。不承想，老板根本是醉翁之意不在酒。我们大家本来在兴致勃勃地爬山，老板却逮着谁都谈工作，一会儿找这个同事谈采购成本，一会儿找另一个同事谈广告费用，害得大家一点儿欣赏景色的兴致都没了，都开始想办法躲着老板，生怕他找自己谈工作。

“更可气的是，吃饭的时候他也不放过我们。面对一桌佳肴，大家已经垂涎不已了，他却站起来说：‘大家先别着急，我借此机会简单跟大家讨论一下我们下一季度的目标。’结果，大家的食欲瞬间降了一半。就这样，本来好好的一次活动，我们却玩也没玩好，吃也没吃好。”

其实，员工明白管理者的苦心和苦衷，但知道归知道，情感上能否接受是另一回事。如果组织这样的集体活动，只会让每个人都闷闷不乐，丝毫达不到激励效果，团队将会一如从前。何不干脆让大家痛痛快快地玩一场，在谈笑中缓解压力，增加感情？

3. 避免让团队活动变成一个个小圈子活动。

很多公司组织集体活动都会允许带家属，这本来是一项充满人情味的举措，然而，不知道大家有没有考虑到它的负面影响。

正因为很多员工都带着自己的家人或伴侣参加集体活动，于是，公司的集体活动变成了一个个小家庭的团体旅行。他们只顾和自己的亲人、情人增进感情，完全不理会其他同事，也不大会记得这是一次集体活动。而那些形单影只被忽略的员工，则会对此类活动反感。所以，倘若你想让团队成员在集体活动中很好地交流，最好不要让他们带家属，这样才能让他们把注意力放在同事身上。

此外，除了吃喝玩乐，我们还可以专门组织一些加强团队沟通的集体活动，我做主管时就经常这样做。

有一个名叫“盲人方阵”的游戏非常有效，是我经常采用的，在这里介绍给大家。

这个游戏的规则非常简单：把参加游戏的成员的眼睛都蒙上，让他们变成“盲人”，然后给他们一根长长的绳子，让大家把这根绳子围成一个正方形。对于视力没有障碍的人来说，这是再简单不过的事情，然而对盲人来说绝对算得上是挑战了。

我让很多下属做过这一游戏。我承认，会有一些下属很快就选择放弃了。但一般来说，大家会先在一起商讨措施，拿出行动思路和方案，然后在行动过程中不断沟通，调整对策，在一次次的尝试中坚持下去，最终成功地围成一个正方形。在成功的那一刻，这一组“盲人”会激动得大喊大叫，甚至抱在一起。团队凝聚力得到空前提升，大家的感情也升温不少。

在我看来，管理者应该多掌握一些这种既简单又实用的集体活动游戏，比如“荒岛求生”“猜名人”“信任百步行”等。这些游戏都能让参加活动的员工认识到团结的力量，更加重视交流与沟通的重要性。

6. 及时疏导情绪，清除员工心中的负能量

我们中国人常常会说的一句话是“人生不如意事十之八九”，事实上，这种所谓的“不如意”带有很大的主观性。人的认知是通过认识这个世界获得的，我们眼中的世界并非真实的世界，而是经过了我们自己处理的世界。在处理

过程中，我们难免会带有主观性，从而产生种种情绪。而这些情绪，会进一步带来更多情绪。

倘若这些情绪是积极正面的，可以给我们带来愉悦的心情。但如果这些情绪是负面的，就只能令人沮丧不安，在不知不觉中影响身心健康。所以，从某种意义上来说，能否成为情绪的主人，是摆在每一个人面前的考验。

我们是这样，员工也一样。

我相信坐在管理位置上的人的情商都不会太低，对于管理自己的情绪应该有丰富的经验和心得。但是面对员工的情绪时，你会怎么处理呢？

曾经也是普通员工的管理者应该知道，工作中大家会遇到各种问题，受到各种责难，听到各种抱怨，面临各种挫折，甚至是刁难。所以，出现情绪是再正常不过的事情，你不能苛求他们无悲无喜。但谁都知道，带着情绪会影响工作，所以管理员工的情绪也成为我们的工作内容。

举个最简单的例子，不管是在管理工作中还是在进行管理咨询、管理培训，我都会非常留意众人的心情。看到下属脸色不大好，我从他身边走过时，会有意无意地拍拍他肩膀，说一声“多注意身体”或者“别太累了”。如果发现员工情绪集体低落，我会组织一次集体活动，在大家放松心情的同时，表扬、嘉奖一些员工，从而调动整个团队的工作激情。

倘若要我给出管理员工情绪的系统措施，那么，我会这样建议大家：

首先，学习观察情绪。

我相信，几乎没有员工会告诉你“我情绪不好”，但他们会通过别的方式告诉你，有时候是表情，有时候是言语。所以，每天一上班，我们都可以先迅速扫视一圈，观察下属的表情，了解其精神面貌。当然，这种能力是通过训练获得的。如果没有快速感知别人情绪的能力，我们可以从每周例会或者每日晨会开始，在会议期间细致审视员工的表情，训练自己的观察力与感知力。渐渐地，当我们对每一位下属的情绪把握较准之后，就可以试着建立一

个员工的情绪档案，画出他们在一段时间内的情绪周期，从而做好预防工作。

其次，了解情绪产生的原因。

假如你是医生，不知道病人得的是什么病，能给他们开药方吗？

同理，不明白究竟发生了什么，你怎么管理员工的情绪呢？

员工产生情绪的原因可能是工作不顺心，也可能是家庭或个人问题。如果是工作问题，那到底是因为工作不受重视，还是因为工作难度大、任务多，或是因为与别人比较后心理不平衡？是因为客户，还是因为同事或上司？只有了解员工产生情绪的原因，我们在沟通时才能切中要害，选择合适的内容和方式与他们进行交流。另外，在了解原因的过程中，要根据员工的性格特点选择方式。对有些人可以单刀直入，对有些人则要旁敲侧击。

最后，通过沟通疏导情绪。

关于这个问题，我想先讲讲著名的“霍桑试验”，相信这个心理学上的著名实验对管理者会有很大启示。

霍桑本来是一家生产设施非常先进的工厂，按理生产效率应该很高，但不知为何，工厂的生产状况让管理者并不满意，工人们也满腹牢骚。为了寻找原因，一组心理学家在这家工厂展开了一系列调查研究。

这个实验有一个重要环节是“谈话试验”，在这一环节，心理学家必须耐心倾听所有工人的不满和意见，并做出详细记录。而且，他们不允许驳斥工人的意见。在长达两年的时间里，心理学家和工人的谈话超过了两万次。然后他们发现了一个很有意思的现象，在最初的谈话记录中，充斥着不满与牢骚，而在后来的谈话中，这些抱怨声明显少了许多，而且，工厂的生产效率大大提高了。

经过分析后，心理学家得出了结论：这些工人一直对工厂的很多管理制度不满，却无从发泄。而心理学家的谈话试验，恰恰让员工的不满情绪得到了充分宣泄，从而让他们心情更加舒畅，因而使得生产效率大幅度提高。后来，社会心理学家把这类社会现象统称为“霍桑效应”。

对我们管理者来说，这个效应有什么启示呢？答案显而易见，交谈与倾诉是宣泄负面情绪的重要渠道。所以，聪明的管理者会让员工敢于表达自己的不满与情绪。正因为这样，很多企业都设有领导接待日和领导信箱等，目的就是为了让员工畅所欲言。

7. 会要开得明明白白，话要说得清清楚楚

当人类告别个人英雄主义时代，当越来越多的事情要通过团队协作来完成时，无论在哪一个组织里，会议都成了必不可少、行之有效的沟通方式，会议室是一个完成很多重要工作的场合。而对于管理者来说，开会更是日常工作中的重要内容，你不仅仅是会议的参与者，更是很多会议的组织者、主持者。

我相信，每一位管理者都已经或者正在经历无数大大小小的会，但我还是想向大家强调：会要开得明明白白，话要说得清清楚楚。

也就是说，可开可不开的会就不要开，假如开会就一定要让所有与会者都清楚你的目的与会议议题。在开会过程中，你的表达一定要简洁清晰，与会者的发言也要围绕主题展开，尽可能在最短时间内达成共识或得出有建设性的意见，体现出会议精神。

所以，当你作为会议上的发言者时，为了不让自己显得没有重点、语无伦次，我建议你在开会前先列一个计划性提纲。首先要把你打算谈的有用信息都写下来，不必担心顺序和逻辑；然后再读一遍这些信息，检查它们是否符合这次会议的主题，如果与主题无关就要毫不犹豫地扔掉，如果有些单薄就再找相关信息完善丰富；接下来，就可以梳理一下谈话的条理了，先把想要讲的重点排出优先次序，然后再把刚才列举的信息分门别类归在各个重点

下面。我在开会时，会要求自己在一分钟之内说出重点。这种训练可以帮我有效地删除废话，把握重点。

整理好内容之后，还要给自己的发言写一个开头和结尾。开头你应该言简意赅地告诉大家主旨，而结尾要进行总结。

我相信，每一位管理者都已经非常习惯在会议上讲话了，所以不过多浪费笔墨。但是身为管理者，更多的时候你要管理会议。据我了解，很多管理者可以简明扼要地在会议上讲话，却不大懂得让与会者同样自如地发言。所以，这里有一些建议给大家：

1. 在会议开始时提出明确期望。

在会议一开始，你就要告诉大家，这次会议的主题是什么，你期望会议什么时候开始，希望大家给出哪些信息。而且，你的表达一定要明确，比如“我希望大家报告自己手头工作目前的具体进度”“我希望大家就我们公司上个月销售份额下降这一问题谈谈自己的意见”，等等。

2. 营造一个大家想说话的氛围。

就像做运动之前要热身一样，会议一开始也要暖场。你可以讲一些合适的笑话，或者开个轻松的玩笑，哪怕是一句调侃的妙语，都可以使会场气氛更容易让与会者开口说话。这一点，美国的管理者做得更好，国内的很多管理者都太严肃，不容易让与会者放松心情。

而且，身为管理者的你是会议的中心，但这不意味着你应该成为意见中心，要想让大家畅所欲言，就不要让他们感觉你独裁专制。所以，我建议大家保持中立的立场。

3. 让大家都积极参与发言。

会议精神在于全员参与，所以很多管理者会采用让大家按顺序轮流发言的方式。但是，最有效的参与应该是积极主动地投入会议，认真聆听，参与讨论。问题在于，绝大多数组织里都有一些不愿意发言的成员，强迫他们发言，很难得到建设性意见。

对于这一部分员工，我们应该善于诱导。比如，可以通过眼神交流鼓励他们发言，或者针对他一定知道的事情请他发言，提高他们参与会议的积极性。

4. 管理者要做一个好的倾听者。

员工在会议上陈述自己的观点时，非常渴望得到众人，尤其是管理者的认同。所以，无论如何，都要向他们传达这样一种信息——我在关注你。而且，你要真的在关注，不仅倾听他们说什么，还要留意他们怎么说。适当的时候，还可以重述他们的观点寻求确认，通过这种方式来鼓励对方。此外，如果听到不同意见，也不要急于反驳。

5. 归纳出清晰的条理。

一般来说，在公司的部门会议里，大家会你一言我一语，这种头脑风暴所提供的信息虽然丰富，但也非常纷乱庞杂。虽然可能会有秘书帮你归纳整理，但你自己也要心中有数，尤其是在会议结束之前，你要确认这次会议是否达到了预期目的，都讨论了哪些事情，做出了哪些决定，还有哪些事情暂时没有解决，等等。

8. 和离职的员工多交流，收获无比巨大

除非是自己非常讨厌的人，否则团队中的每一位成员选择离职，都不是管理者喜欢的局面。这时候，恰恰是我们要打起精神格外重视的时刻。因为，一方面你要迅速与自己的上司沟通，确定到底是否要尽力挽留这位员工，同时确定为了挽留对方可以提供的条件；另一方面要迅速与想要离职的员工交流，根据与上司达成的共识来决定谈话内容。

如果是可以挽留的员工，那么他会选择不离职。这里我想谈论的只是确定已经无法挽留或者不必挽留的员工，在他们即将离职之际，如果能够与他们进行良好的沟通，那么这次谈话将是意义重大的，可以让你大有收获。

根据我的总结，你的收获可能包括以下内容：了解他们离职的真正原因，采取相应措施避免人才流失；从离职员工身上了解一些在职员工不肯向你提起的团队现状；让员工与部门、企业三者的利益取得平衡；避免或减轻员工离职给公司带来的负面影响，确保整个离职流程顺利进行不出差错，等等。

一般来说，我建议离职交流以面谈形式进行，这样更方便感知对方的情绪，更有利于沟通顺利进行。假如你因为出差等原因无法面谈，也可以采用电话或邮件等方式。关于沟通技巧，我有下面这些经验之谈供大家参考：

1. 做好面谈的准备工作。

如果你连这个员工是什么时候入职、负责哪一部分工作都不知道，那离职面谈从何谈起呢？所以不管是什么情形，只要你想跟员工做离职面谈，都要做好这些准备工作：列出其入职时间、在职期间的职位变化、工作表现等。这是做人做事最起码的要求，即便是你即将离职的下属，也要给他最基本的关注。

2. 把握离职谈话的好时机。

从员工提交辞呈，到他真正离开公司，中间会有一段时间，从数天到数月不等。正常情况下，企业会要求员工提前一个月提出离职申请，然后交接工作。那么，我的建议是，当员工提交辞呈时，可以先跟他面谈一次。等到他真要离开公司之前的一两天，可以再进行一次谈话。两次交流的重点不同，前者侧重于了解离职原因及提出挽留，后者重点在于确认公司是否已经顺利完成知识转移。我们都知道，如果离职人员掌握大量客户资源和公司的关键技术，那么公司一定要在他们离开之前获取这些重要信息，或者请他们向接任者提供帮助，并且欢迎他们提出意见建议。

3. 确定交流内容。

与离职员工的交流内容至少分两种情况：一种是员工主动离职。这时候，我们要请他们谈谈离职原因，对以后个人发展的考虑；还要请他陈述对同事及公司的评价；询问他接下来需要公司提供哪些方便，等等。此外，作为主管，你还应该代表公司就合同内容告知他们违约责任等相关事宜。

另一种情况是员工被动离职。这时候，你至少要告诉他们被辞退的理由，以及公司做出的具体辞退方案，包括补偿措施及工作交接安排等；如果员工就辞退理由有异议，我们要倾听其辩解；对员工关心的实际问题进行答复，尽可能满足其要求，必要时为其提供第三方支持，等等。要格外注意的是，被动离职的员工可能会有较大的情绪反应，我们要妥善引导。如果遇到集体性裁员，还可以考虑聘请心理咨询师对他们进行心理疏导，避免出现意外事件。

4. 营造友好的会谈氛围。

在团队沟通中，离职面谈是比较特殊的一种。这时候，员工的心态与之前或多或少有所不同。他们可能会更放松，也可能会更警惕，甚至会出现离职员工与企业相互猜疑的局面。如果出现糟糕的猜疑，管理者一定要努力消除员工的防备心理，否则离职面谈很难成功。这时候，你一定要态度真诚和友善，务必保持冷静，避免出现抵触情绪。

5. 注意谈话技巧。

有一次我在进行管理咨询时，一位主管困惑地问我："我很真诚地跟将要离职的员工谈话，可是她表现得很不配合啊，根本不愿意告诉我真正原因。"我问他："你是怎么问她的？"他说："我问她：'你为什么要离开我们公司？接下来有什么打算？'她的回答是：'有点儿累了，希望换一个新的环境。接下来打算先休息一阵子。'我才不相信这种套话呢。"

的确，这位主管没有得到他想要的答案，不是员工不配合，而是他自己缺乏沟通技巧。这种问题，除非员工与你私交甚好，或者他是完全藏不住话的超级直性子，否则不会认认真真回答你。假如他问"能够请你列出三个你认为公司做得最差的地方吗？"或者"你在选择新工作时最看重哪三个方面？"，效果都会好很多。

总体来说，我往往会这样建议学员：在离职面谈中，收起你平时所有的说教、训诫和谴责，多听少说，问题要问到点子上。多用一些特殊疑问句，让员工不得不多说，而不是问一些用"是"或"否"就可以回答的封闭性问题。

9. 当员工提出待遇要求，私下里巧妙处理

如果让我总结员工离职的原因，我认为两个字就可以概括，一个是"心"，一个是"薪"。对绝大多数员工来说，工作首先要满足他们的生存需要，然后才是满足实现人生价值的需要。所以，员工对待遇有要求是非常正常的，但对管理者来说，处理时必须慎重。

不管你打算怎么处理员工的待遇要求，我都强烈建议大家私下处理。因为薪酬是一个过于敏感的话题，为了避免其他员工心理不平衡，并不适合让团队其他成员参与进来。至于具体该怎么处理，要具体情况具体分析。以下这些技巧我建议大家仔细考虑一下：

1. 首先要对公司现有的薪酬体系做出评估。

虽然工资的具体数额往往不是部门主管可以决定的，但我们要对公司现有的薪酬系统做到心中有数，这样才能正确判断员工对待遇的要求是否合理。简单来说，我们要通过薪酬调查、职位评估、绩效考核以及工资结构是否设计合理、公司的文化导向等方面进行综合评估，对企业的薪资水平做出判断。看看公司整体的待遇、各个具体职位的待遇是否高于同行业平均水平等，做到心中有数。

2. 告诉自己薪酬与工作积极性并非完全相关。

中国人有句古话叫"有钱能使鬼推磨"，的确，金钱可以给人刺激、带来动力，但它与工作积极性没有必然的关系。大部分员工提出加薪要求，是认为自己的能力和贡献值得更高的待遇，但不排除他们高估自身能力的可能。而且，就工作积极性来说，企业主动提出给员工加薪，激励效果要比被动给

他们加薪好得多。所以，我一直都告诉自己，加薪绝对不是留住人才、提高大家工作热情的真正方法。在合理的薪酬体系下，用情感管理人才会更加有效。

3. 答应加薪，同时提出条件与期望

员工的待遇要求如果合理，不是不可以给他们加薪。但绝对不能非常痛快地满足其请求，一定要师出有名，并且加上合理的要求与期望。

我做主管的时候，有一次，一位下属找到我要求加薪 20%。我考虑了一下，公司最近几个月业务的确非常繁忙，这位员工经常加班加点，工作认真负责，我对他的业绩也相当认同。而且关键是，根据我们公司的薪酬制度，他的这种繁忙并不能拿到更多的奖金。所以，我基本认同给他加薪。

只是，我没有马上答应，而是这样跟他说："这几个月你的确表现很好，大家都看在眼里，所以我认为你提出加薪的要求是合理的。但是，一旦你以后的工作表现不尽如人意，出现情绪懈怠，你会主动提出减薪吗？这样才公平。"

听完我的问题，他愣住了，大概没想到我会这样问，但又无法反驳我的话。看他无话可说，我接着说："我可以答应给你加薪。但是，假如加薪之后你变得松懈，工作没有现在这样认真负责，你会主动提出减薪吗？如果你能做到，那么现在加薪就没问题。"他一脸沉思地答应了。

就这次加薪来说，处理结果是皆大欢喜的。他满足了自己的愿望，我也达成了自己的目的，让他明白薪酬与工作表现存在一种公平合理的关系，而且是动态的，并非一劳永逸。所以，他就不至于因愿望达成而工作懈怠，而是会努力让自己的表现与收入相匹配，同时争取更好的表现与更高的待遇，从而实现我为其加薪的真正目的。

4. 有些情况坚决不能给他们加薪。

有些员工的待遇要求绝对不能轻易满足，比如，不合理的加薪请求、威胁型、到处发牢骚型等。而且，随着时间推移，每一位员工对公司的重要性都会不断增加，所以，对于这样的员工要格外关注。

我曾经有过一位秘书，她来公司的时候刚刚大学毕业，是我一手带出来的，所以工作方面跟我配合得比较好，我也按照公司制度在她工作满两年时为其加薪了。但半年之后她再次提出加薪，我没有同意。有一天，跟另外一个部门的主管闲聊时，他无意中提起，说我的秘书不止一次跟他的下属抱怨自己工资太低，还说如果再不加工资就走人。

我听了没有暴跳如雷，而是私下调查这件事是否属实。当我得知她不止跟一个人这样抱怨时，我把她找来谈话。上次我拒绝为她加薪时曾经告诉她，希望她表现得更优秀。当我谈起这件事时，她虽然很爽快地承认到其他部门发牢骚是不妥当的行为，但依然表现出对自己的待遇不满。就这样，虽然并不愿意她离职，但我还是没有答应给她加薪。

因为，如果这次很痛快地答应了加薪，不久之后她再次提出要求怎么办？同部门的其他员工知道她加薪了会怎么想？其他部门的员工听说她这样发牢骚后获得加薪会怎样想？所以，这种情况下，由于会造成较大的不良影响，所以不能答应她的加薪要求。

此外，倘若你认为员工的加薪要求不合理，却不得不加，那么意味着公司对其过于倚重。这时候要做好两手准备，其一是给其更高的职位与更好的待遇以留人，其二是及早物色可以取代他的人才。

Part 5

假如你已经做了一段时间的管理者，就会发现一个很明显的现象：刚入职的员工大都有饱满的工作热情，渐渐的，士气越来越低下，甚至出现倦怠心理。而很多你欣赏的优秀人才正在计划另谋高就。为什么会这样呢？怎样做才能让员工安心工作，而且像老板一样卖命地工作呢？要想解决这个问题，企业的管理者要采取恰当的激励措施。

激 励 篇：

如何让每个员工都卖命？

1. 让员工在工作中感到快乐，他们就会“乐此不疲”

套用一句流行歌曲的歌词吧，“这个城市里流传着一种病，它的名字叫职业倦怠”。在这个节奏飞快、竞争激烈、压力巨大的现代社会，越来越多的都市人常常感到身心疲惫，于是职场心理倦怠患者越来越多。具体表现为厌倦工作、不愿起床、上班迟到次数增多、处理公务时心情烦躁、注意力涣散、思维迟钝、反应迟缓、遗忘率变高等。在你的下属中，有人染上了这种病吗？如果没有，又该怎么预防呢？

答案很简单，让他们快乐就可以。

在硅谷，众所周知，谷歌（Google）公司为所有员工免费提供种类丰富、可口美味的三餐和夜宵，还为女性员工准备了育婴房，以至于有三分之一的员工承认，这种令人快乐的工作环境让他们更愿意留在谷歌。而在脸谱网（Facebook），公司里也配备了医生、按摩师和理疗师，你还常常可以看到员工的孩子在公司出入。在丹麦的乐高公司总部，这个为孩子们带来快乐的公司，也拥有快乐的员工，他们可以坐着滑梯从二楼滑到一楼，然后站起来拍拍屁股接着工作……

这样快乐的工作环境，员工有什么理由感到厌倦呢？

我知道，你的公司不一定能给员工如此“悠闲”的工作环境，你也不大可能让每一个员工都开开心心的，但你会因此就放弃尝试吗？

事实上，你跟我一样清楚，不能放弃尝试。因为员工的情绪是如此重要，它不仅关系着工作效率，还与忠诚度和责任感等优秀品质密切相关。正因为这样，它值得你投入时间与精力尝试，尤其是对那些心存不满的员工，不要太快失去信心。

我一直都相信，只要肯寻找，每个人都能从工作中找到乐趣，当然，前提是他愿意。所以，面对没有工作热情的员工，我会问他们下面三个问题：

你每天工作时，有没有乐趣，有哪些乐趣？

如果你把工作当作乐趣，工作更持续、更努力，会获得怎样的成长和好处？

如果你非常讨厌自己的工作，持续三个月后会怎样？持续三年后会怎样？持续五年后会怎样？持续十年后会怎样？

很少有员工明确思考过这些问题，当你提出来时，相信他们会认真对待的。而且，我同样相信，没有人不愿意让自己在工作中找到兴趣、感到快乐。只是他们的“工作体验”不够愉快，所以才感到不快乐。这种“工作体验”，涉及领导的认同和赏识、职业发展的空间、工作环境和灵活的工作安排等客观因素，这些都是管理者可以控制的。

而主观方面，管理者也有很多事情可以做。在我看来，要想从主观上调整或者激发员工对工作的兴趣，最根本的解决方法是让他们找到使命感，在更根本、更纯粹的动机下工作。

事实上，为下属指明、创造工作的意义，正是一位管理者应该着力解决的重要问题。倘若我们能让员工明确工作意义，就能让他们心甘情愿地和自己一起努力。

现在，我想你应该能明白为什么强生公司会这样做了。在强生公司，当销售部门有新员工到来时，医疗器械销售部门的主管都会要求他们跟医生一起走进手术室。销售主管会要求他们向医生介绍并且演示，这些器械适用于哪些疾病，对病人有什么帮助。正是通过这些举动，员工可以非常直观地感受到，自己出售的这些冷冰冰的仪器是非常有意义的，可以拯救生命，而自己的工作也是如此重要。这种油然而生的自豪感与使命感，不仅能极大地调动员工的积极性，更能让他们快乐地工作。

而且，据我所知，美国的很多公益组织和非营利性组织，比如 NGO（非政府组织）等，工作人员的报酬真的不高，但他们非常快乐，为什么呢？就是因为他们有很强的使命感，认为自己的工作很有意义，所以，他们的工作驱动力非常强，状态也很好。

在这里，我想要提醒管理者格外注意一点，正所谓“不患寡而患不均”，不管你是否承认，都有可能对某些员工存在偏爱，而这会让另一些员工心存不满。他们也的确有理由抱怨，因为你很可能真的采用不同的方式对待最开心的员工和最不开心的员工。所以，要想让员工在工作中感到快乐，你现在就可以开始行动了。

2. 员工有能力但不努力，你就要做给予能量的“红牛”

在进入正题之前，我先来讲一段题外话。在我们小时候所受的教育中，金字塔是由古埃及的奴隶建造的，但在 2003 年，这一结论被重新书写了，埃及最高文物委员会宣布：金字塔是由当时当地拥有自由身份的农民和手工业者建造的。

而早在 400 年前，瑞士一位名叫塔·布克的钟表匠就提出过这一观点，他的这个推论是结合自身经历得出的，在他的日记中有这样一段话：“我知道，一个钟表匠在不满与愤懑中，想要圆满地完成制作钟表的 1200 道工序，磨锉出一块钟表所需要的 254 个零件，比登天还难……金字塔这么大的工程，建造得却如此精细，建造者一定是一批怀有虔诚之心的自由人。难以想象，一群有懈怠行为与对抗思想的人，能使金字塔的巨石之间连一块刀片都插不进去。”现在我们知道了，他的推论是正确的。

的确，正如厨师烹饪时的心情可以影响食物的味道一样，工作时的心情和状态绝对会对工作的结果产生重大影响。而且，越是复杂精密、创造性强的劳动，对员工的精神状态要求越高。我们难以想象，一个身心疲惫的员工能做出令人惊喜的业绩。

所以，如果你是一名管理者，不仅要让自己对工作充满热情，更要学会点燃员工的激情。因为，你的员工绝大多数都是既有能力也有潜力的。如果你能点燃他们的热情，激发他们的潜能，那么他们有十分的能力，就能给你交出十二分的成绩。

现在问题的关键在于，如何让员工把工作的激情迸发出来。根据行业性质和管理者个人风格的不同，具体做法千差万别，但下面这些建议我相信是普遍适用的：

1. 给员工更多的鼓励与微笑。

不必讳言，不管是工作中还是生活中，我都渴望得到别人的鼓励，我相信你和你的员工也会这样想。你可以寄希望于让员工自我激励，倘若你给予他们的总是批评与挑剔，就很容易让他们的自我激励失效。因为在他们看来，身为管理者的你代表着权威，你的认可与不满更有力量。所以，不管你心里认为某个员工或自己的团队有多糟糕，都用更积极的态度来对待他们吧，带着激情期盼最好的情况出现。

我常用的做法是，给大家一张真诚的笑脸。我总是带着笑脸在公司穿梭，不管是传达命令，还是询问进度，我都试图给大家更轻松愉悦的心情，并试图用笑容鼓励他们："我很欣赏你""没错，就是这样""你做得很棒"。

2. 给员工更多的信任与自由。

下属与上司之间缺乏信任并不奇怪，但这绝不是理所当然的。你不能奢望一个不信任你、不信任企业的员工，会充满激情地为工作卖力。所以，在通往信任的这条路上，管理者必须努力，而且要付出更多的努力。你要先抛出友好的橄榄枝，表明自己的态度。具体的做法就是，试着给员工更有挑战性的工作，试着给他们更多自由，从中传递出你的信任。

我曾在美国的戈尔公司考察过，在那里，管理者无须指派或者命令，因为员工自己会选择工作的数量、质量、完成时间和方式。一开始我不明白这种类似乌托邦的管理方式，真的能有序地管理七千名员工，真的能成就这家聚四氟乙烯生产技术世界第一的企业。随后我了解到，戈尔公司虽然给员工极大的自由，但收入是与绩效挂钩的。但是我们要注意，这种绩效没有底线要求，员工可以根据自己的身心状况决定工作量，在自己充满激情的时候多工作，在情绪感冒时多休息。而结果似乎表明，内心的自由感和投入激情的多少，的确与效率相关。至于管理者，他们的权威则是通过自身的人格魅力获得的，因此影响力非常大，整个团队的凝聚力自然而然就非常高了。

3. 给员工更广阔的发展空间。

如果员工是为了一份报酬而工作，那么他顶多会尽职尽责；只有当他是为了拥有一项事业而打拼时，才肯投入更多的激情。所以，我们要让员工看到自己有一片广阔的发展空间，这样才能让他们积极进取。

具体来说，给员工更广阔的空间，一方面可以对员工进行合理的培训与选拔，让他们深切感觉到自己在企业的位置，感觉到企业的尊重与认同，愿意充分发挥其才能；另一方面也要在激励制度上做文章，很多企业会采取股份制，为的就是激发员工的主人翁精神。我们都知道，这些企业不是因为缺钱，而是想要调动核心骨干的参与感，调动他们的激情，让他们拥有更强大的工作动力。而且，这种动力会更持久。

3. 每个人都有自己的需求，就看你能否抓到

在谈到员工激励的时候，很多管理者不知从何入手，他们问我："现在的这些年轻人，我怎么知道他们要什么啊""他们想要什么，才不会告诉我""他们想要更多的钱、更高的职位，我也给不了啊"……

的确，在知识经济时代，很多企业的员工都是知识型员工，他们有着高学历、高智商和很强的个性。用大脑而不是体力赚钱的他们，的确与传统工人有很大不同，他们的需求变得更为多样，对管理者提出的要求也更高。

不管你的员工多么有个性，可以肯定的是，他们一定有自己的需求，只看你肯不肯花心思去把握。比如：

你的员工觉得迷茫，说明他需要目标和方向；

你的员工抱怨自己没有升职，说明他期待得到认可；

你的员工抱怨不能放开手脚，说明他希望得到更大的授权力；

你的员工认为你漠不关心，说明他需要你给予更多指导；

你的员工有自作主张的倾向，说明他希望彰显个人价值；

…………

总之，在所有问题的背后，都有其心理根源。我们所要做的，是找出这些问题背后正向的、积极的心理需求。

根据马斯洛的需求层次理论，人的需要由低到高分为五种，分别是生理需求、安全需求、爱和归属需求、尊重需求以及自我实现需求。根据这一理论，我们可以把员工的共性需要归纳为以下五种：

提供合理的薪金报酬，让员工在同别人比较之后感到满意；

提供安全稳定、健康和谐的工作环境，让员工有安全感，安心发挥才能；

提供友好、诚信的工作氛围，让员工拥有宽松和谐的人际关系；

对其工作成果及个人价值予以肯定，满足其被尊重的需要；

为员工提供较大的成长空间，给他们能够展示自己的舞台，满足其自我实现需要。

一般来说，每一位员工都会有以上五种需要，只是侧重程度不同。比如，刚刚进入职场的年轻人对成长的追求更强烈，而技术骨干型员工更需要尊重与认可，年纪较大的老员工则对健康安全的工作环境要求更强烈，家庭经济条件较好的员工更倾向于追求个人成长空间和被尊重的感觉，而经济状况不大好的员工对薪金报酬更敏感，等等。

满足员工的这些需求取决于两方面，一个是企业的制度，一个是管理者的日常管理。由于制度是既定的、不可随意更改的，而日常管理是灵活的、可以随机应变的，所以，从这一意义上来说，在满足员工日益增长的物质和精神需要方面，管理者的作用更加重要。

而管理者要做的，就是结合员工自身条件，比员工自身更明确他们的需求，进而尽可能地满足他们，从而激发其潜能，让你的管理工作卓有成效。

如果你需要我给出系统的满足员工需要的策略，我会这样建议你：

1. 先归纳员工的人格类型，再了解其心理需求。

随手查阅资料，你就会发现大量关于人格分类的书籍，如果不愿意太麻烦，你可以简单将他们分为外向与内向两种人格取向，然后在此基础上了解他们的基本需要、各种需要的满足程度、最优先要满足的需要是哪些等。

2. 根据客观条件和工作表现分析员工的工作动机。

员工的工作动机与他们的需求息息相关。一般来说，工作动机除了包括从工作中获取到实实在在的物质财富之外，还包括心理上的满足感。而且，它不仅与员工个人的思想境界有关，还与整个社会的舆论与风尚密切相关。所以，在分析员工的工作动机时，不仅要立足他们自身，也要考虑到社会心理的影响，注意趋利避害，善加引导。

3. 因人而异，满足员工的外在与内在需求。

对每一位员工来说，他们都希望从工作中得到满足，这种满足必然包括内外两方面。外在方面，最普遍的就是工资和奖金，它们能提供生存保障。当然，它们同时也决定了员工的社会地位、象征其个人成就等，所以也涉及内在满足。而内在满足一般包括发挥个人才能、展现个人价值、获得社会尊重等，这些更高层次的需求，能提供强大而持久的工作动力。所以，优秀的管理者都会想方设法满足员工的内在需求，比如给团队设定鼓舞人心的目标、赞美员工、给员工提供培训等。

在这里我想要提醒大家的是，在满足员工需求时，我们采取的激励措施一定要合理。判断它们是否合理，最重要的标志是让绝大多数团队成员能从心里接纳。比如，我们既不能为了满足某一员工个人的需求而有失公平原则，又不能因追求平均而挫伤贡献较大者的积极性。总的原则是，既要满足某位员工的个人特殊需求，也不要忽略其他员工的感受。只有在公平合理的基础上，才能调动起整个团队的士气。

4. 竞争是最好的“兴奋剂”，你必须会使用

我相信如果可以选择，很多人都愿意生活在一个没有竞争的环境里，过着自在安逸的舒适日子。可是，当你感觉到稳定的时候，就意味着已经不再进步。而在时代前进的洪流中，我们个人的位置是不进则退的，想安于现状

往往不可能。而且，人是一种需要胜利感、成就感的动物，而没有竞争、没有对比，就凸显不出成就感。所以，你也不会感到非常快乐。

而对一个团队来说，虽然我们着力使成员形成合作关系，但这并不意味着团队中不允许存在竞争。事实上，团队内的竞争是不可或缺的，它就如同“兴奋剂”一样刺激着人们，可以帮我们增强员工和组织的活力，使企业获得更快更好的发展。而且，群体内的竞争随时都可能发生，有些是显性的，有些是隐性的；有些是正当的，有些是不正当的；有些是建设性的，有些是破坏性的；有些是认知层的，有些是情感上的。管理者要做的，就是对已经存在的竞争加以适当的引导，并且在某些领域制造新的竞争，以激发员工的潜能。

相信每一位管理者都有可能和我一样遇到这样的情形：很多员工也算尽职尽责，能完成任务，你不能说他们不合格。但往往是你推一下他走一步，缺乏朝气和活力，给人的感觉是他们每天都在机械地完成任务，然后盼下班、盼周末、盼假期，整个团队暮气沉沉。

当时我对这种情形大伤脑筋，不断反省自己。因为如果一个人这样，那可能是他自己的原因。但如果很多人都是这样，就必然是我和企业的责任。所以，需要通过外力来打破一潭死水的局面。

在请示过老板之后，我从另一家公司高薪聘请了一位专业人才过来。在确定人选时，我格外关注其性格，最终选择了一位精力旺盛、充满热情、外向幽默的年轻人。这位年轻人加入公司后，得到了上上下下的一致好评，我也时常表扬他。

慢慢的，我开始明显感觉到，也许是受到这位年轻人的感染，也许是其他团队成员的好胜心和竞争心理被激发出来了，整个团队的工作热情大大提高，员工像是久旱遇甘霖一样重新焕发出了生机和活力。

也许，人就是这样有强烈的惰性，在一个安稳的环境中待久了，就会因缺乏新鲜感而失去活力和竞争心理。当他们感觉到压力和威胁时，为了更好地生存下去，才会有危机感和紧迫感，才会逼迫自己努力。也正因为这样，适当的竞争就如“兴奋剂”一样，可以最大限度地激发大家体内的欲望和潜力。请注意，我说的是“适当的竞争”，即良性竞争。

比如，通用电气公司的做法就非常可取。为了鼓励员工在工作上争先恐后，但又不产生私人恩怨，他们把奖励分成两部分，一部分奖励员工在本部门的表现，另一部分奖励他们对整个公司发展的贡献。如此一来，员工就会考虑自己的表现是否对公司整体发展不利，就能有效避免员工之间的恶性竞争与不合作现象。

一般来说，管理者可以采用的竞争形式多种多样，比如开展各种比赛、公开竞选各种职位、进行项目评比等。此外，公布员工业绩、评选先进分子等，都是隐性的竞争。你也可以根据行业和企业的具体情况，推行新的竞争方法。

要提醒的是，管理者一定要注意在竞争中保证公平。试想，当球员觉得裁判不公平时，会卖力比赛吗？失去了公平，竞争会变得毫无意义。所以，只有当竞争中是公平的时，才能激发出员工的潜能。为此，你制定的竞争规则要科学合理，执行规则时要公正，还要避免员工之间出现不公平竞争。而且，我们还要注意，不要因为一味追求公平，就把新员工和老员工都放在同一起跑线上，否则这种竞争也是没有意义的。

不过，世间的任何事物都可以是一把双刃剑，竞争同样也如此。所以，我会鼓励管理者采用竞争这种有效的激励手段，却不建议大家一定要在所有情形下都引入竞争。因为不管你的竞争机制多么合理，只要员工感觉帮助别人是在提高他人的分数，是一种不利于自身的行为，那么就会对团队整体绩效产生影响。所以，如果团队成员本身的工作热情相当高，那么我建议大家努力创造双赢的局面。

5. 把奖励送给有贡献的人，把福利送给有态度的人

从奖励产生的那一天起，作为激励的重要手段，它就对人们的某些良好行为起着积极作用。在行为之前的引导与行为之后的反馈，使得它能鼓励人们保持某种行为，并且重复进行。如果运用得当，它可以充分调动我们自我完善、不断进取的积极性。

所以，我们谈到激励时，是不可能回避待遇方面的奖励的，它是最有效也是最基本的激励手段。因此，绝大多数管理者都懂得使用这一手段。我想强调的是，奖励一定要及时。

有一个很有意思的故事，发生在早期的美国福克斯公司。那时候，这家公司正在进行一项关键技术改造，工程师和科学家们废寝忘食地进行研究。终于，一天深夜，当技术取得突破性进展时，首席工程师开心地拿着模型闯进了总裁办公室。总裁听到消息后也非常高兴，他想马上对面前兴高采烈的工程师进行奖励。由于是深夜，他无法找到除了这些科研人员之外的其他员工，就翻看自己办公室的抽屉。那位工程师莫名其妙地等待着，不知道总裁翻箱倒柜地要干吗。等他翻完抽屉之后，兴奋地举着一样东西说："太好了，这个给你。"而那样东西，居然是一根香蕉。

他之所以这样做，是因为非常清楚，员工在取得成绩之后，会无比渴望来自上司的肯定与赞许，这会让他们感到自己被重视。所以，为了激发员工强烈的工作动机，这位总裁才有了如此可爱的举动。

但是，奖励也是有学问的。它包括物质的，也包括精神的，有时是物质和精神两者合一的。在使用奖励激励时，我一般会遵循以下原则：

1. 物质奖励与精神奖励相结合。

我们给予员工的物质奖励，其实也是为了激发其内心的工作热情。不管是物质奖励还是精神奖励，两者都是不可或缺的，但单独运用时效果不会太好，因为它不能同时满足员工的生理与心理需要。只有将两者结合起来，才能发挥最佳效果，一般来说，可以以精神奖励为主、物质奖励为辅。

2. 奖励要与贡献程度相关。

同是奖励，要有程度的不同，这很容易理解，古人尚且懂得论功行赏。如果两名员工都为公司做出了贡献，那么给予他们的奖励要分别与其贡献程度成正比，这样才能体现出奖励的导向性，更好地激发员工的工作积极性与创造性。

3. 奖励也要因人而异。

可能有人会质疑，我们不应该按制度办事吗？因人而异，岂不是违背了公平原则？的确，公平是基本原则，在此基础上，我们才能考虑差异。因为同样的奖励内容或形式，对不同的人，或者一个人的不同时期，激励效果是不尽相同的。所以，如果你是中层主管，在日常管理中，对不同个体分别采用不同的奖励形式，效果会更好。

此外，关于奖金发放问题，一定要引起大家的重视。能让员工像老板一样卖命的动机有内在的和外在的两种，物质奖励无疑属于外在动机，它当然是必要的，但绝对不是唯一的。它既可以起到内外部激励的双重作用，也会引起员工之间的矛盾，它是否能调动积极性，完全取决于发放方式。我在发放奖金的过程中常常会考虑两方面因素，一个是部门效益，另一个是员工的个人表现。我会对超额劳动进行奖励，但又避免了错误奖励效率不高的员工。总的原则是让奖金体现出员工劳动的质和量、员工的能力与努力、上司和企业的评价等。当我赋予奖金如此多的内涵时，它就能同时满足员工的外在需要与内在需要，达到更好的激励效果。

在运用奖励和福利进行激励的时候，我们也要注意，千万不要把员工的内部动机“为实现个人价值而努力”变成外部动机“为得到奖金而努力”。一般来说，对那些要员工“跳一跳够得着”的任务，我会采用物质奖励进行鼓励，但不会特别频繁，而是点到为止，达到激励的效果即可。我时刻都会提醒自己，给他们的任何肯定，最终目的都是要激发他们的内在动机。

6. 你可以说得天花乱坠，但不要让员工在想“关我屁事”

团队内所有的成员都在等待你的命令，你叫他们做什么，他们就做什么。你喜欢这种高高在上、掌控一切的感觉吗？如果答案是肯定的，那么，你不是一位优秀的管理者，因为你的工作流程是有问题的，你带出来的团队也是没有活力的，它的发展永远受到你的能力的限制。而且，当你在大谈发展愿景的时候，员工只会想：“与我何干，我只要做完你交代的任务，拿到每个月的工资就可以了。”我想，这一定不是你想看到的局面。

虽然很多企业和管理者，包括你在内，都声称员工是非常重要的，但从大家对待员工的实际行动来看，我看不出你们有多重视员工。

我曾遇到一位员工，他跟我抱怨，自己的上司在最近半年时间里，除了开会时见过之外，从未和他私下进行交流。他的感觉是：“上司一定觉得，我最好少烦他，干好自己的工作就可以了。这让我心灰意冷，同时无所适从。”对于出现这种感觉的人才，我们是很难挽留的。而且，你能期望他会有“爱厂如家”的责任感吗？

所以，不管采用哪种激励手段，不管你打算怎样进行精神动员，要想让员工真的听进去，都要保证他们有参与感。你要让员工有参与感，优秀的人才肯继续留下来。员工和机器不同，当他们没有归属感、没有参与感时，这份工作就只是他谋生的手段，做得好与不好他并不关心；这家企业跟他也没有关系，盈亏对他来说都无关痛痒。这时候，你的员工就只是一台听命行事的机器，甚至还不如机器，因为他们会有情绪，直接影响工作成效。

如果是我，一般会采用下面这些措施，大家可以作为参考：

1. 团队归属感，让员工心有所依。

一个好的团队，能够让每一位员工都感到自己是公司宝贵的合作伙伴，能让他们有归属感与融入感。这也正是管理者应该着力营造出的感觉。这种感觉主要可以从两方面入手：一方面，让员工清楚自己在团队中的位置、工作的价值、能力及职责等，让他们对自己的现状和未来发展有清晰的了解，可以带来强烈的安全感；另一方面，让整个团队拥有更强的包容力和亲和力。说起来虚无缥缈，实际上很简单，用更开放的态度接纳、用更宽容的态度理解即可。

2. 及时公开信息，让员工了解情况。

“最后一个得到消息”这种感觉一定不大好。所以，试想，当你的员工从媒体上、别的企业员工那里听到自己公司的消息时，那种感觉会怎样？

所以，我们要让员工及时了解情况，不管是好事还是坏事，假如你把员工当作这个集体的一分子，就会告知他们，不是吗？要知道，很多时候，谣言比事实糟糕多了。及时告诉他们各种消息，这是对员工的一种尊重，也体现了你的诚实。此外，你还要让员工了解同事的工作内容，了解整个公司的现状，了解公司做出的重要决策，以及之所以如此决策的原因。

3. 避免一言堂，让下属参与意见。

中央集权式的管理，都是采取自上而下的命令，在如今的管理界，大家已有共识，这种管理手段效果是很差的。真正有成效的管理方式是，让每一位团队成员都觉得："我不是一个被动的听从命令者，我也要参与决策。在这里，我很重要，我要全身心投入这份工作。"当员工感觉到自己重要时，自然会做出相应的努力来配得上自己受到的重视。因此，整个企业的执行力和创造力会提高一大截。而且，只有这样，才留得住优秀的人才。

所以，不管什么时候，只要条件允许，我们都要尽可能地让员工参与到决策中来。当面咨询、挨个谈话、填写调查问卷、让员工投票等，都是让员工参与决策的途径。

4. 以人为本，尝试"高感情管理"。

在这个以人为本、人才流动性很强的时代，管理艺术也在与时俱进地不断发展。对于竞争激烈风险大的企业来说，为了减少内耗、理顺人际关系，很有必要进行面对面的高感情管理。这种管理以走动管理为主，管理者要主动、直接亲近员工，让情感发挥在企业文化中的凝聚力，用和睦、亲切甚至接近于家庭的环境留住员工的心。

斯通在担任通用电气公司的总裁时，就采用了这种管理方式。他和公司的所有领导一样，欢迎公司的所有员工随时进入他们的办公室交流，而且不管是员工的来访还是信件，都要迅速、妥善地处理。在通用电气公司，上到斯通本人，下到最基层的员工，大家都直呼其名，没有尊卑高下之分，公司拥有了一种大家庭般的企业文化。这种氛围自然不会让员工觉得企业的事情与自己无关。

7. 当众赞美，我们是否真的表扬对了

面对下属，许多管理者都会怒其不争，他们非常容易关注下属的错误和缺点，对其优点却视而不见。显然，这种行为是不符合人性的。洞悉人性的你一定明白，人人都有虚荣心，所以恭维话说得再多也不过分。尽管你明知道那些话里有水分，事实未必真的是那样，但你依然会倾向于相信别人的赞扬，因为你需要、渴望得到它。

孔子有句话叫“己所不欲，勿施于人”，这句话我们也可以做出这样的解读，“你自己想要的东西，也要想办法给别人”。所以，你希望得到赞美、表扬吗？那就推己及人，把它们也送给你的员工吧。

我在以往的管理工作中，总会不失时机地把赞扬送给每一位员工。对于男性员工，我有一个习惯性动作，会拍拍他们的肩膀，他们明白这代表着赞扬。我也有几句口头禅，比如，“你做得很棒”“哦，太好了”“是吗？真好”，等等。事实证明，这些赞扬真的可以给员工带来荣誉感，让他们心情更愉悦，拥有更高的积极性。

但是，你真的懂得赞扬员工的技巧吗？诸如赞扬一定要发自内心、要因人而异、要实实在在之类的技巧，相信很多管理者都懂。在这里，我非常关心一个关键问题：你在表扬员工时，是当众还是私下称赞？因为假如在这一点上做得不妥，你的赞扬很有可能适得其反。

有句俗话叫“批评用电话，表扬用喇叭”，所以很多管理著作会教我们，赞扬要当众，因为这样可以满足被表扬员工的虚荣心，可以让他们拥有强烈的进取心和自我认同感。

的确，这样说没错。可是，如果天平的两端分别是一个员工与除他以外的所有员工，你会如何选择？你会为了一个人的积极性而损害一群人的积极

性吗？孰轻孰重，相信大家自有判断。我之所以这样说，也是基于对人性的认识，尤其是对中国人的人性的了解。

回国之后，有一次，当我作为主管参加一次高层会议时，老板表扬了我们其中的一位管理者，称赞他上个季度的表现非常出色，建议我们大家向他看齐。无疑，那位被表扬者春风得意，但我默默观察的结果是：其他同事虽然脸上都是若无其事的表情，甚至有人还脸上带着微笑连连点头称是，但他们只是嘴角上扬，眉毛和眼睛却没有动作，这种微笑并非发自内心。相反，他们的嘴唇周围有些怪怪的皱起，我猜，那是酸酸的味道。

相信很多人都有过类似的经历吧，当我们的某位同事被表扬时，你会觉得那是对你某种变相的批判：瞧，别人做得那么好，怎么你就那么差呢？这种心态马上会让我们对被表扬者产生敌意，而且开始讨厌那个表扬者。

所以，当众表扬存在这样一种危险：当我们满足了一个人的虚荣心时，可能同时激发了其他人的忌妒心。

在中国，这种现象表现得尤其明显。作为一名管理者，倘若你的当众表扬不够妥当，不仅会引发一群人的敌意，连那位被你表扬的人也不会感激你。因为中国人往往不习惯接受当众的表扬，因为树大招风，他们担心招致忌妒，让以后的日子不好过。所以，这样的表扬绝对是得不偿失的。

不过，这并不意味着我们就不能当众表扬，一般来说，在以下两种情形下我会考虑：

1. 对平时表现不佳的员工，适合当众表扬。

对于这些员工来说，他们对表扬更敏感，所以更容易激发他们的进取心。同时，由于这些员工平时表现不大出色，所以不容易伤及其他员工脆弱的自尊心，也就不容易招致忌妒感。

比如，我之前有一位员工，虽然按时上下班也很少请假，但她的工作效率很低，不过也在我的容忍度之内。有一次，不知道是什么原因，她上个月的业绩出现了明显提高，虽然仍低于平均水平，但对她来说，已经是很大的改进了。所以在例会上，我对她进行了当众表扬，称赞她的进步。后来，她的表现屡屡刷新个人纪录，渐渐赶上并超过了平均水平，称得上卓越了。这时候，我对她的表扬开始转为私下进行。

2. 当众表扬一个团队，不针对个人。

当赞扬的对象是针对某个团队而不是具体某个人时，可以有效避免其他员工产生对比心理，也就可以让当众表扬高效而不危险。比如，某个项目组表现出色，某个小组业绩显著，我们都可以毫不吝啬自己的溢美之词，要及时、当众进行赞扬。

8. 做好分配，分享利益才能得到更多的利益

之前我们讲过，要让员工有参与感。除了让员工参与决策之外，还要让他们参与利益分配，否则归属感就无从谈起。对企业来说，分一些蛋糕给员工，可以激励他们做出更大的蛋糕来。所以，表面上看起来是企业让出了一些利润，实际上，它们会获得更多利润。而员工获取了更多利益，同时实现了自身价值，这是一种皆大欢喜的双赢。

在这一点上，山姆·沃尔顿是很多企业家的典范。我曾前往沃尔玛公司总部拜访，对员工与企业之间的“合伙”关系印象深刻。当然，如今看起来这种做法并不稀奇，但在当时，这是沃尔顿先生引以为豪的创举。它的出现也源于某些契机。

有一次，沃尔顿在英格兰旅行时，在伦敦街头散步，当他看到 J.M. 刘易斯合伙公司的招牌时，停下了脚步。原来，这家公司的招牌上，罗列了所有

员工的姓名。这给人的感觉是，这家公司的所有员工都是公司的所有者，他们与管理者之间是合作伙伴的关系。于是，沃尔顿打算自己也这样做。

回国后，他就开始把商店的员工称作“合伙人”。这不仅仅是称呼的转变，更是管理者与员工关系的转变。因为，他开始实施一系列方案，将公司的利益与员工共享，其中最主要的是“利润分享计划”。具体来说，员工的工资奖金除了与业绩挂钩之外，还可以参与利润分享。员工可以采用扣薪的方式购买公司股票，公司补贴 15% 的钱款。

关于让员工成为股东这项举措，沃尔顿曾经这样回忆：“很长的一段时间内，我并没有意识到这个问题。事实上，整个事业中我的最大缺憾就是，当 1970 年，我们的公司公开发行股票时，我们最初的利润分享计划只包括经理，而没有扩大到所有员工。由于我太担心自己的负债情况，也太急于让公司迅速扩展，因而忽视了这一点。”当他意识到这一点之后，很快就让大部分员工参与利润分享计划。凡是在沃尔玛工作一年以上，每年工作时间不少于一千小时的员工，都有权分享公司的部分利润。

这样做最大的好处是，员工可以清晰地看到，当企业的利润增长时，自己可以分得的财富也随之增长。因此，公司上上下下的员工都对公司的发展充满热情，使企业拥有了强大的竞争力和生命力。

如今，利润分享计划（Profit-Sharing Plan）已经赢得了很多管理者的认同。这种激励计划的目的是鼓励员工发扬主人翁精神，参与企业管理，为此，企业会根据员工的价值、贡献、业绩等，给予他们一部分企业利润。

对员工来说，企业的这种举措可以使他们真正拥有主人翁的感觉，因此他们肯自动自发地进行良好的自我管理，拥有高涨的士气与工作动机，从而可以使企业降低监督管理成本。

但是，如何实施利润分享计划，如何把公司的一部分利益拿出来与员工分享，也是有学问的，我们至少要考虑三方面因素：企业该拿出多少利润进行分配、该怎样对每一个员工进行分配、采用什么样的分配方式。

对于第一个问题，我们可以采用固定比例的方法，只要企业有盈利就拿出固定比例的利润给员工分享；也可以采用分段比例法，企业的利润达到的阶段越高，拿出来分给员工的利润比例也越高；还可以采用获利界限法，当公司利润在设定好的最低标准与最高标准之间时，拿出来一定比例的利润与员工分享。每一种方法都各有优劣，企业可以根据自身情况进行选择。

对于第二个问题，可以采用两种方法：一种是根据某个岗位在企业的价值，确定应该分配给该岗位工作人员多少利润；另一种方法是根据个人贡献来分配。在确定个人贡献时，要综合考虑员工对企业过去的历史贡献和未来的潜在贡献。

至于利润分配的方式，我们可以采用现金分配的方式，它的特点是短期激励性很强，但长期激励性比较弱；也可以进行延期利润分享，比如，把员工应该分得的利润存在他们的个人账户中，每年返还一部分，或者等到员工退休或离职时一次性返还给他们。这种激励方式的优缺点与现金分配正好相反。

此外，与员工分享利益的步骤，简单来说，你可以分三步走：

建立合理的考核制度，对企业目标完成情况进行界定；

制定科学的利润分享制度，确定有资格的人选；

告诉员工企业的实际经营状况，让他们参与计算利润分享的额度。

Part 6

我更愿意用负激励来表达所谓“惩罚”的概念，这不是在玩文字游戏，而是这样说更能表达出它的初衷。说到底，不管是奖励还是惩罚，都是性质相同的措施，目的都是为了对员工进行激励。虽然提起惩罚，总让人感觉不那么愉快，但管理者必须赏罚有度。否则，那些表现优秀者会做何感想呢？

惩罚篇：

如何做好员工的负激励？

1. 总有一次流泪能让下属瞬间长大

不管我们是否愿意，管理过程中必然要伴随着处罚，它还有另外一个名字，叫负激励。在企业的激励机制中，它绝对不能占主导地位，但也是必不可少的，因为它拥有的矫正和威慑两大功能，是正激励所不能提供的。

当员工的行为背离企业目标时，我们要反馈出“不可以这样做”的信息，以促使员工马上纠正自己的行为。而企业制定的关于负激励的种种条例，会像一把达摩克利斯之剑一样，让他们时刻保持一定程度的恐惧与焦虑。而这些看似负面的情绪，也是我们内驱力的源泉，它给人的刺激比正面激励更强烈。

举个最简单的例子，假如你的月薪是六千元。这个月因为表现优秀，老板给你发了三百元的奖金，你可能对它没感觉，因为相对于你的收入来说，这点儿奖励是微不足道的。而且，它本来也是额外得到的，有当然好，没有也没关系。所以即便这个月老板不给你这三百元的奖金，你也不会有什么感觉。

可是，假如下个月你犯了一些小错误，老板扣了你三百块钱工资作为惩罚。这时候，你会是怎样的心情？虽然对你来说，三百块钱依然不多，但由于没有拿到预期的，对你来说这已经是物质损失了。同时，精神上也会受到打击，不仅仅是由于经济损失，更是因为你会担心老板和同事因此对你有不好的看法。这时候，心理波动会比较大，对于自己所犯的错误的印象也会更深刻，在以后的工作中就会尽量避免。

我们已经讲过，懂人性通人情才能成为好的管理者。那么，对这方面人性的了解，也可以运用到我们日常管理生活中去：假如你希望对某个人进行强烈刺激，那么惩罚会比奖励更有效，就像眼泪总是比欢笑印象更深刻一样。

没有什么比错更能教会我们什么是对，但每个人，都要为自己的错误负责。也许，当员工在承担自己的错误后果时，会感到痛，会流泪，但他们也会明白，有些界限是不能逾越的，逾越了就会受到惩罚。这时候，他们会有更深刻的体验与反思，从而学会真正为工作负责。

不过，我也知道有很多管理者是反对进行处罚的，因为凡是处罚总会有副作用，应该存在更好的解决问题的方法。我相信他们和我曾遇到过的一位学员一样，都是“温情型”管理者，希望可以不动用处罚，但我很遗憾地告诉大家，那只是一种美好的希望，至少在世界大同之前，是很难实现的。

当时我是这样回答他的：“你应该听过孙武练兵的故事吧？吴王阖闾让孙武训练宫中的一百八十名美女，但是她们不肯听命行事，反而嘻嘻哈哈。在再次解释之后依然无效的时候，孙武不顾吴王阻拦，将她们的队长，也是吴王的爱姬毫不留情地斩首了。之后，这些美女一个个认真操练，令行禁止。”

他回答：“我听过这个故事，只是，是否真的有必要这么做？跟她们讲道理不可以吗？告诉她们关于惩罚的制度，我相信大部分人都是通情达理的。”

大致判断了一下他的年龄后，我问他：“你见过火炉吧？”见他点头，我接着说：“如果我们不去触碰它，红通通的火炉可以给我们带来温暖和安逸的感觉。可是如果你去伸手触碰呢？马上会烫到手，会让你痛。管理学中有一个所谓‘火炉法则’，说的就是这个道理。火炉放在那里，看到它火红火红的，我们不用去摸就知道它一定会烫伤人，所以它不是没有警告你。而且它也绝对不会主动去烫人。只有在有人无视它的警告非要去触碰时，它才会发挥威力。”

他若有所思地点头称是，然后问道：“可如果有人是不小心碰到了火炉呢？”

“火炉是遵循公平性原则的，不管是不是不小心碰到，它都会让你痛。这样，下一次，你就会更加小心。”

“可是，这样岂不是会不公平？不应该具体问题具体分析吗？”

“在火炉面前，人人平等，不管你是谁都会受到处罚。而且是立即处罚，没有下不为例。你不觉得这样很公平吗？”我微笑着说，然后补充道：“当然，真正的负激励，实施起来肯定不像通红的火炉那么简单。想要让员工在接受惩罚时也心服口服，管理者要花不少心思呢。”

的确是这样，一个团队，只要制定了负激励制度，就一定要实施惩处，让所有成员都知道，这些规则是货真价实的，不是摆设。大家也不必担心它与温情管理和以人为本相冲突，因为你可以努力做到让员工心服口服地接受惩罚。

2. 奖得“心花怒放”，罚得“心服口服”

假如你的恭维话说得天花乱坠、不着边际，一般也没有人会怪罪你。但倘若把恭维话换成批评和惩罚呢？即便是合理的惩罚，倘若不合情，也很容易让人产生抗拒心理。所以，和“奖”相比，“罚”更讲究技巧。

虽然惩罚这种负激励措施有它强大的效用，但它毕竟是所有管理条例失败之后的一种无奈之举。所以，理论上，对处罚不应该采取欢迎态度，而且在使用时一定要谨慎。切忌让员工因为受罚而产生反感甚至抵触的情绪，这会让惩罚完全失去意义。

曾经有一位财务经理跟我讲过一件事，他的前任老板指定了一项处罚措施：每个月呈交给老板的财务报表中，每处错误罚款五十元，具体责任追查到个人，如果不能确定是谁的责任就由经理受罚。有一个月，由于部门人员进行大调整，月末的财务报表中出现了好几十处错误，而且难以追查相关责任人。可是如果按照老板的标准去罚，他这个财务经理的工资也就刚刚够交罚款。于是老板说："这样吧，罚款我给你打个五折，相信这么惨痛的教训你一定会吸取的。"

而这位财务经理跟我说："事情才不是那样。事实上，我当时就决定换工作。不是因为那些罚款，而是因为他的这种处罚制度影响恶劣，部门内部包括我这个经理人人自危，大家都害怕承担更多责任，于是本着'多做多错，不做不错'的原则，大家对工作任务相互推诿，严重缺乏积极配合、解决问题的主动性。你说，这样我还怎么管理？"

这位财务经理的经历很典型。对每一家企业来说，包括罚款在内的处罚措施都是必不可少的，但它绝对不是屡试不爽的管理手段，因为如果处罚太多太严，大家都会把心思放在如何让自己避免受到处罚上，这也就意味着他们要把责任推给同事，于是团队之间必然会出现各种矛盾，同事之间难免产生各种争吵和抱怨。同时，员工也会认为公司太缺乏包容性，团队的凝聚力也就无从谈起。

但话又说回来，处罚依然是必要的，就连饱受诟病的罚款，也不是不可以使用的，问题在于你如何运用这些手段。我也曾罚过员工的款，但我是这样做的：除非是迟到早退等问题，否则对于业绩不佳、工作失误等情况，员工罚多少，我也跟着罚多少，因为我有推卸不了的管理责任。这样罚款，员工有可能会把不满转化为愧疚，这会促使他们改善工作态度，改进工作质量，从而避免继续犯错误。

在我看来，事先的预防和控制，永远比事后惩处要好。罚是必要的，但一定先要解决下面几个问题：

1. 制定好惩罚的标准。

我们首先要制定一个较为合理的处罚标准，然后一定要让员工对此非常了解。要让他们知道哪些行为是不被允许的，每一种错误要付出多少代价，该怎样去避免这些错误。这样，一方面员工会努力主动地避免犯错，另一方面在犯错受罚时也没有借口。切忌处罚过于随意、没有标准，员工会因此而非常没有安全感，同时会认为企业管理没有章法。

2. 分清责任的归属。

很多问题的责任并不仅仅属于一个人，往往要由整个流程链条中的多个人来承担。这时候，我们要分清主次责任，同时别忘了自己要承担的管理责任。一般来说，主要责任由直接犯错的员工来承担，比例在 50%~70% 之间，次要责任由其他相关员工承担，比例是 20%~30%，而管理者也要承担 10%~20% 的监管责任。弄清楚了每个人要承担的责任比例之后，才可以根据制度确定每个人应得的处罚内容。

3. 区别重罚与轻罚的情形。

惩罚永远只是手段，它的动机要非常单纯，只是为了改善，而不是为了敛财甚至整人。所以，在实施惩罚措施时，我们一定不能让员工怀疑这些惩罚的动机。因此，一方面要对罚款进行妥善管理，另一方面也要根据具体情形确定应该重罚还是轻罚。一般来说，对于初次犯错、无心之错可以选择轻罚，而故意犯错、屡教不改、天天犯小错等情形，是要重罚的。这种区别对待，也可以起到积极的引导作用。

总之，和其他管理手段一样，惩罚也必须公平合理，不能滥用，而且要尽可能对号入座，如果有条件的话，要根据员工的具体类型选择惩戒方式。只有贯彻了公平与效率原则，惩罚才能很好地为我们所用，达到既定目的。

3. 批评可私下进行，问题要当众解决

我在刚刚做管理工作时，和大多数人一样，信奉“表扬要公开，批评要私下”的格言。然而有一天我发现，和绝大多数格言一样，它的确可以给我们提供建议，但并不能将其奉为金科玉律。我的经验是，并不是所有批评都适合私下进行，虽然我也会这么做。

而且，在私下对员工进行批评时，我会和玫琳凯护肤品创始人玫琳凯·艾施女士一样，不坐在宽大的办公桌后面与员工对话，因为那张桌子不管在空间距离上还是心理距离上，都是一种障碍，有助于树立权威，但并不利于交流。所以，在批评这种特殊事件上，我会和员工一样，坐在沙发上面对面，试图营造出较为轻松的氛围。而且，我不会因为没有第三者在场，就肆无忌惮地指责甚至责骂。和惩罚一样，批评只是手段，目的才是最重要的。在确保可以达到效果的前提下，我会选择不过分激烈的言辞。

之所以强调这一点，是因为我曾经有一次正好遇上一位老板在批评下属。这位老板人其实很好，给员工的待遇也不错，就是脾气不大好，发起火来就什么都不管不顾。这次，被他训斥的是一位年轻小伙子。只见骂人的那位脸涨得通红，声音高亢激动，言辞尖锐激烈，而被骂的那位阴沉着脸一言不发，公司其他员工一个个小心翼翼，偷眼旁观。是我的到来打破了现场沉重的气氛，听这位余怒未消的老板抱怨完之后，我跟他说：“现在我明白为什么你给的待遇那么好，却有很多年轻员工辞职不干的原因了。”

“因为我的脾气吗？”他其实也很清楚问题出在哪里。

“我知道脾气很难控制，但你至少要把他叫到你办公室再开骂吧？现在的年轻人一个个自尊心很强，你总得考虑一下他们的感受吧？”

对于像这位老板这种脾气火爆、喜欢骂人的管理者来说，批评下属时，最好私下进行。但对于我这种受过多年教育，从来不肯开口说粗话、重话的管理者来说，批评往往是合情合理的，当众进行也无妨。而且，我相信大多数管理者都懂得“对事不对人”的原则，批评只是为了解决问题，而不是为了让某个人难堪。所以，他们本身会尽可能地照顾被批评者的情绪，选择委婉的言辞，唯恐伤害到下属的感情。因此针对这种情况，我才会提出来，有些批评是适合公开的，因为有些涉及团队问题的应该当众解决。

假设你现在面临这样的情形：在每周一次的例会上，你都要听取各个项目组的工作汇报。其中有一个项目组里有一位叫托尼的员工，因为他工作效率低下，严重影响了整个项目组的工作进度。已经连续三周是这样了。那么，在第四周的例会上，你依然对此一言不发，还是打算私下和托尼谈话？

要知道，在这种情形下，整个部门的所有员工都已经觉得托尼有问题，不该一再影响团队的整体表现。而你如果依然倾向于选择私下批评，会让除了托尼之外的所有员工感到失望。而且他们会觉得，反正做得好不好都没关系，偷懒也不会有太大损失。你一定知道，这会严重影响整个团队的士气，而托尼本人也不会因为你只是私下的批评而发奋努力。更何况，当团队整体士气下降时，托尼本人再努力又有什么用呢？

如果这时候你私下批评托尼，就是向其他员工传递出了这样的信息：托尼做错了事，只需要向经理负责，不需要向我们整个团队以及团队里的其他成员负责。于是，他们会想：托尼这么不可靠，唉，我们团队里怎么会有他这样的人，真倒霉！罢了，反正整个团队怎样，经理会负责，也用不着我们操心。

你瞧，这样一来，你的团队就会开始放弃自我管理。同时，整个团队成员对责任归属的清晰度、团队决策的权威及质量都会有所质疑，你无形中的损失真的是太大了。

所以，如果是我，就会这样解决这个问题。在例会上，我当着大家的面说："托尼，这个月每周你都没能赶上团队进度，是这样吧？"得到托尼的反馈之后，我会接着说："丽萨、马丁、汤姆、林奇，我注意到，每次例会上，当诸位听到托尼进度滞后时，你们都皱着眉头却一言不发。因为托尼进度落后，会影响团队的整体目标。可是，我想知道，为什么你们对此保持沉默？在工作中，你们为此又做了些什么？"

我相信，面对这样的批评，托尼是可以接受的。而团队其他成员即便心中有委屈，也不会很强烈，因为我不是针对他们个人进行批评，而是告诉他们我希望大家开诚布公地反馈有建设性的意见，而不是相互指责。为了确保团队有效合作，每一位成员要明确彼此的责任，更要转换心态，不仅仅做好自己的事情，还要为整个团队负责。

总之，我们的管理能力是要直接向效率负责的，而不可以只关注个人感受，不管是你个人的感受，还是员工个人的感受。为了管理出一个有高度自我管理能力的团队，我们要把团队当作一个整体，其中的每一位成员都要向整个团队负责，而不仅仅是向你这位管理者负责。因此，不仅要让他们了解关于团队的各种信息，也要让他们清楚出现的问题以及解决方案。这也就是为什么有些问题要当众处理，有些责任要当众追究的原因。

4. 批评到位能带来成长，不到位带来负成长

清代有一位文人叫郑板桥，是"扬州八怪"之一，他有一副对联我很欣赏："隔靴搔痒赞何益；入木三分骂亦精。"他是想说，你们赞扬我的文章，倘若

如同隔靴搔痒一般夸不到点子上，那又有什么用呢？倘若你们骂我的文章时能够做到入木三分，那也是极好的。

事情就是这样，不管是表扬还是批评，都要鞭辟入里，抓住要害。如果批评得不痛不痒，还叫什么批评？既然是批评，就是要对方记住，意识到“我的确做错了，以后要尽力避免”。倘若连批评也流于形式，那要这个形式有什么用？何不干脆好人做到底，直接舍弃批评不就得了？

假如你试图做“老好人”，那么可以听听经营管理大师松下幸之助的教诲，他是这样说的：

“上司要建立起威严，才能让下属谨慎做事。当然，平常还应以温和、商讨的方式引导下属自动自发地做事。当下属犯错误的时候，则要立刻给予严厉的纠正，并进一步积极地引导他走向正确的路，绝不可敷衍了事。所以，一个上司如果对下属纵容过度，工作场所的秩序就无法维持，也培养不出好人才。换句话说，要形成职工敬畏科长、科长敬畏主任、主任敬畏部长、部长敬畏社会大众的舆论。如此人人才能严于律己，才能建立完整的工作制度，工作也才能顺利开展。如果太照顾人情，反而会造成社会的缺陷。”

松下幸之助已经把管理者的批评上升到社会责任的层面了，可见在管理中，宽严得当是多么重要。我们都知道，在玩游戏时，一定要遵照游戏规则，否则游戏根本就无法进行。游戏是这样，现实更要如此，在规则和制度面前，更应该分毫不让、严格执行。但是，这并不意味着你的批评就应该如同暴风骤雨。

“马丁，你这个月怎么搞的？居然排在倒数？还没有新来的威尔成绩好！是不是觉得自己总是销售冠军就了不起啊。我给你那么高的薪水，不是白给的。再这样下去，你是不是打算直奔倒数第一啊……”一位销售经理正在连珠炮似的批评一位叫马丁的下属。

“对不起，经理，我可以解释一下吗？”马丁硬着头皮问道。

“还想狡辩？你什么都不用说，自己回去好好反省吧。我给你个机会，看你这个月的表现，你要是还这样我就只能扣你年终奖了。”经理不耐烦地挥挥手，结束了这次谈话。

事实上，马丁告诉我，他真的有自己的苦衷。这个月他奉命把已经开发得相对成熟的区域交给了新来的威尔，自己去别的区域开发新市场，能拿到这个成绩已经相当不错了。经理刚才不由分说地批评让他满心委屈。

相信大家都能理解马丁的心情，那么，身为管理者的你，是否曾经扮演过那位销售经理的角色？你应该知道，这样的批评毫无益处，非但不能让员工成长，相反只会带来负成长。所以，把批评的尺度拿捏好，也就是批评到位，才能让它成为有效的管理手段。具体来说，关于批评的内容，我建议大家注意下面几个问题：

1. 批评要具体到某件事。

批评的目的不是责备你的下属有多么不好，而是为了解决问题、避免再犯，所以批评一定要具体，让对方明白他是因为什么被批评。而且，批评的同时也要给下属发表意见的机会，大家一起分析问题的成因，找出妥善的解决办法，并且讨论以后如何避免再犯。

而且，每次批评的时候，只针对当前的事情，不可再翻旧账。你无须给自己找充足证据，所以没必要把以前的事拿出来再说一遍，这只会引起抵触心理。

2. 不做人身攻击，别随意给员工“贴标签”。

批评是针对某件事的，你跟员工个人没有仇，所以不要做人身攻击。像“你这样做我很不欣赏”或“你就不能客观点儿吗”，以及“我看你这人这辈子也就这样了”之类的话，会让双方的关系瞬间变得对立，对沟通毫无益处。

而这里所说的标签，当然是负面的。管理者一旦给员工贴上“爱占小便宜”“太懒惰”“不动脑筋”等标签，该员工就会有破罐子破摔的心理，认为反正自己已经被这样定性了，已经在上司心中留下这样根深蒂固的印象，再努力去改也没意义。所以，非常不利于员工成长。

3. 批评要有依据，要公正合理。

在没有弄清楚事实之前，不要先张口就骂。管理者应该在认真细致地调查清楚事实之后，再找员工谈话。而且，要给他们机会陈述事实，并且让他们谈谈自己的看法。也许，站在员工的角度，你会有不同的发现，注意到一些你原先没注意到的问题。而且，当某个问题涉及多位下属时，不可以只批评其中一个，哪怕他是主要责任人。

4. 批评要针对员工性格，因人而异。

这里的因人而异主要是指批评方式。如果你明知道某个下属脾气火爆，就一定要避免拿激烈的言辞刺激对方；如果有的下属性格内向，自尊心非常强，且工作表现一直出色，就可以轻描淡写、心平气和地谈论，甚至给予适当的安慰；对于特别爱面子、心服口不服、不肯承认错误的员工，就不必死抓着问题不放，而是留待以后观察他的行动，等等。

总而言之，让我们记住爱默生的一句话：“批评不应该是一味抱怨，全盘贬斥，或者全是无情攻击和彻底否定，而应该具有指导性、建设性和鼓舞性，要吹南风，不要吹东风。”

5. 同等错误一个标准，不能因是“皇亲国戚”就赦免

“如何管理有背景的下属”恐怕是一个具有中国特色的棘手问题了。在国外，我几乎从来不用烦恼此类问题，只要按照规章制度办事就可以了。但

回国之后，我很快注意到了这个问题，而且在管理咨询中屡屡被问到这个问题。

对此，我的态度很明确：同等错误一个标准，不能因为有背景有关系就网开一面。还记得我们之前提过的“火炉法则”吗？作为管理学上的一个重要形象，火炉非常好地体现出了公平原则：不管是谁，只要碰到它，就一定会被灼伤。

对于管理者来说，你要处罚的是某一类事件，而被处罚的那个人，正好是做了这些事。你处罚的不是某个具体的人，如果因为员工身份不同，就让某些人免于受罚，那么这些处罚规则就是形同虚设。因为，对于企业来说，惩罚永远不是最终目的，即便是罚款，相对于企业的损失来说也是九牛一毛。

我们想要的是一种规范和引导，所以才制定了种种制度，这些制度就如同滚烫的火炉一样，它存在的意义除了威慑与警告之外，还可以提供温暖，让所有员工围绕在它身旁，团结合作。它同时也是确保企业管理公平的有效工具，倘若在它面前人与人不平等，这些制度也就失去了存在的意义。

不过话又说回来，这个问题之所以值得拿出来讨论，是因为它的确对很多管理者造成了困扰。尽管我们明白管理应该公平、一视同仁，但往往只能尽量做到不对他们进行特殊照顾，在错误与惩罚面前，却很容易因为讲情面以及顶不住压力，该罚的不罚，该严的不严。

有一次，一位学员问我：“我新来了一位助理，具体情况还不大清楚，但可以确定她的后台是我们公司的副总经理，而且她老公很有钱。因为知道她的这层关系，所以我对她客客气气的，但也没有特别优待她，就跟对待其他员工一样。但这位女士却非常不合作，有时候会直接拒绝我交办的工作，甚至还当众顶撞我，这些我都忍了。但有次她的工作出现了重大失误，幸好部门成员和其他部门共同配合，全力进行补救，才没有造成重大的经济损失。但这次事件让我们部门丢尽了脸，因为几乎所有人的第一反应就是：这样的错也会犯？而且这件事现在尽人皆知，所以我打算秉公处理，按规定让她做出检讨，并且扣发全年奖金。可是这时候我却接到了副总的电话，说处分她是应该的，但要考虑到新员工的心情。您说，现在我该怎么处理呢？”

我想了想，给他讲了一个故事：“宋朝流行蹴鞠，皇帝也喜欢，就找了一群宫女组成了一支队伍，请了一名叫李寇的教练教她们踢蹴鞠。大部分宫女都学习得很认真，但其中有一个身份特殊，她是皇上的宠妃，听说皇帝喜欢看蹴鞠才特意跑来学习的。但这位妃子并不喜欢蹴鞠，也不肯认真练习，而且颐指气使，屡屡影响到其他宫女。按规定，李寇应该对她进行惩罚，可是他又害怕皇帝怪罪。考虑再三，他私下向皇帝奏请了三个方案：一、此妃继续训练，但要接受处罚；二、此妃不受处罚，但要离开队伍；三、若不能从前两者选择其一，请允许他辞职。皇帝想了想，接受了第一个方案。此后，宫女们的蹴鞠训练开展得有条不紊。”

他问我：“您的意思是，要跟她背后的后台好好沟通？”

“是的。对于有关系有背景的下属，我们跟他背后的后台沟通是很有必要的。如果背后的关系态度是希望你能帮他成才，那么你要争取到这个关系的体谅与支持；如果关系表示你可以睁一只眼闭一只眼让他混日子，那么你可以当他不存在，不给他分配重要任务，只要他不危害部门就可以。而对于你现在面临的问题，我认为你可以跟副总好好沟通一下，讲明利弊，如果对方是一个明理之人，会支持你该怎么处理就怎么处理的。至少，他应该也希望表面上看起来你对她的处理和其他员工是一样的，而不希望公司里对他议论纷纷，更不希望自己的关系户成为众矢之的，人人腹诽。”

身为管理者，相信遇到这样的问题都会烦恼，可是，如果对于“皇亲国戚”处罚过轻，大家都会明白你这样做的原因。但理解不等于接受，大部分兢兢业业的普通员工会觉得，在这里混就得看谁关系硬，工作得怎样是其次。这会直接伤及他们的工作热情。而那些有背景的员工会更加有恃无恐，让你更难管理，从此陷入一个恶性循环。

不过，我想要提醒大家的是，我只是主张对他们一视同仁，秉公处理，并不赞同因为难于管理而一心想将他们赶走的观点。你要做的，就是保持不卑不亢的态度，充分利用他们背后的资源，同时保持距离，维护好自身形象。

6. 淘汰一个人不是因为他不好，而是因为别人都比他好

每当我讲到末位淘汰制度时，总会有不少管理者提出异议："这是不是太残酷了？"

那么，我们生活的这个大自然不残酷吗？人类社会不残酷吗？在这个世界上，能活下来的，都是经过优胜劣汰考验的物种。在职场同样如此，适者生存。

这里的适者未必是最强者，它是指与企业的价值观一致，能满足岗位需要，能为企业创造价值的人。而且大家一定要明确，被淘汰的员工不一定就不是人才。武则天把牡丹从西安淘汰到洛阳，成就了甲天下的花中女王。所以，不要以为淘汰员工是多么残忍的举动，被你所在的企业淘汰的员工，可能在别的企业会如鱼得水。

那么，现在我们来看末位淘汰制度。在这种制度下，我们淘汰一个人，不是因为他做得不好，而是其他人做得都比他好。其具体做法是：我们根据自己公司的总体目标，为每一个岗位都设定好具体的考核指标，然后根据这些指标对员工进行考核，淘汰得分靠后者。当然，这里的淘汰不一定是辞退，还可以是调换岗位或者降职降薪。

这种强势管理的优点和缺点都显而易见。其优点是可以推动员工的工作积极性，提高工作效率和部门效益，使公司更富有朝气和活力，还可以精简机构，有效分流，更好地促进企业成长。其消极作用主要在于有违法的可能

性，实施过程中容易出现不科学不公平现象，过于残酷，挑战人格尊严，与人本管理思想相左，让员工心理压力过大等。所以，在我看来，末位淘汰是必要的，但是否要动用这种强势管理，要结合企业自身的实际情况。

有一位管理者曾向我咨询："我们是一家软件公司，有一百多名员工，最近刚从国外高薪挖过来一名副总。这位副总上任后，大刀阔斧地提出了一系列改革方案。别的都还好，但他提出的末位淘汰法，让我情感上不大能接受。我们公司这些员工都是跟公司一起成长起来的，我认为他们表现得都相当不错，淘汰谁我都不大能接受。而且，我担心这样做会严重影响留下来的员工的士气。可是他说自己在国外运用这一制度时卓有成效，我又不想打击他改革的积极性，不知道该怎样说服他。"

我请他具体谈了谈公司的情况，以及这位副总的详细改革措施，最后我给他的建议是："贵公司的确不适合采用末位淘汰制。不是因为你感情上不能接受，而是因为下面这些原因：第一，组织规模越庞大，末位淘汰越科学，贵公司的规模还比较便于管理，对这一制度的需求不高；第二，行业竞争激烈、招聘及培养人才的成本越低的企业，越适合末位淘汰，但贵公司不属于这种情况；第三，要考虑企业文化，倘若企业文化一直强调的是以人为本、温情管理，强调团队合作，那么一般不采用末位淘汰，即便使用这一制度，更多的也是调岗而不是辞退，贵公司的企业文化是强调员工与企业一起成长的，充满了人情味，所以并不适合这种强势管理。"

所以，虽然我会提倡末位淘汰，却不主张所有企业都采用这一方式，因为任何管理手段，都不可能是解决所有企业所有问题的灵丹妙药，只有适合自己的才是最好的。

众所周知，韦尔奇是一位伟大的管理者，他管理通用电气公司的成绩有目共睹。在他的活力曲线中，把员工分为W（20%，超出工作要求）、B（70%，胜任工作）、C（10%，不胜任工作，淘汰对象）三类，但别忘了，韦尔奇还这样说过："我们的活力曲线之所以能够发生作用，是因为我们花了十年时间在通用电气公司建立起一种绩效文化。在这种文化里，人们可以在任何层次上进行坦率沟通和回馈。坦率和公开是这种文化的基石，我不会在一个并不具备这种文化基础的企业组织里强行使用这种活力曲线。"所以，在没能解决下面五个问题之前，我也不提倡企业实施这一管理制度：

1. 明确公司对员工的要求、标准到底是什么；

2. 保证绩效考核体系的科学性、公平性；

3. 不能用同一个标准来衡量所有人，理清排序的标准与范围，得出真正的"末位"；

4. 淘汰的比例到底是多少才合适；

5. 对于要被淘汰的员工，该怎么合理对待。

7. 当员工犯错之后，先解决问题还是先进行批评

当员工犯错之后，管理者心中一定不会非常愉快，恨不得把那个犯错者找来大骂一通。当然，你知道自己不该这么做，但你也知道，自己应该对其进行批评。那么，我们是应该先稳定局面、收拾烂摊子，还是先批评、惩罚员工？

和其他所有问题一样，这个问题也要具体问题具体分析。

在时间管理中，有一个著名的“四象限法则”，管理学家科维把工作按照重要和紧急两种不同程度，划分为四个“象限”，它们分别是：既紧急又重要、重要但不紧急、紧急但不重要、既不紧急也不重要。对于惩罚管理来说，这一法则同样适用：

首先是既紧急又重要的错误。这时候，我们应该做的是尽快去解决问题，而不是急于批评员工。道理很简单，想想看，一边是暴跳如雷的客户，另一边是垂头丧气的员工，我们应该应对哪一边？而且，此刻的批评往往容易言辞激烈，而且于事无补。所以，应该在先对问题进行紧急处理之后，再开展批评。因为这种错误是非常严重的，不仅要就事论事，还要仔细分析原因，总结经验教训，甚至写出分析报告，以便让所有团队成员都引以为戒，所以是急不得的。

然后是重要但不紧急的错误。这时候我们要及时批评。让当事人认识到他所犯的错误及其后果之后，我们可以和他一起拿出解决问题的办法，让他试着去弥补。

接下来是紧急但不重要的错误。这时候，首先要做的当然是解决问题。由于这类错误并不重要，所以解决起来一般也比较容易，只是要抓紧时间。那么，在处理完问题之后，可以对员工进行私下批评，让他以后避免再犯此类错误。当然，如果这类错误是很多员工都可能遇到的，也可以在公开场合点到为止地提醒大家。

最后是既不紧急也不重要的小错误。尽管它既不紧急也不重要，但并不代表就可以忽略不计。因为不管多么微小的错误都是错误，假如对错误视若无睹，无形中会给员工消极的心理暗示，很可能会导致更大的错误出现。不过在处理这类错误时，批评的程度可以非常轻。有时候，一个责备的眼神、一个皱眉的动作即可，目的是让员工看到你的态度和意见。

以上的四象限法是根据错误的程度来分类的，除此之外，对于由员工自身态度引起的问题，我的经验是，可以让批评员工与解决问题同时进行。在批评员工的同时，为其提供支持；在给他的支持中，也隐含着对他的批评。这样做的好处是，可以在严厉的批评中加入友善，同时不至于显得过于纵容，比较适合温和型的管理者。

比如，我管理过一个团队，其中有一名员工每天当别的同事忙得焦头烂额时，他依然自顾自地玩游戏，仿佛一切都与他无关。然而，我只能在发现问题时对他进行批评，并且因为他只是犯“偷懒”这种小错，无法对他进行大的处罚。可是，我发现，这名员工口头上虚心接受批评，实际上却屡教不改，丝毫没有改正的迹象，其他同事对他这种行为都已经见怪不怪了。

当我一再提醒他都没有效果时，我明确告诉他，对于他这种爱偷懒且不服管教的行径，公司即将耗尽耐心。如果他想继续在这里工作，就必须向分担了他的工作任务的同事道歉，并且改掉自己的毛病，和大家一起通力合作。第二天，我会召开一次部门会议，最终结果如何，全看他的表现了。

在第二天的会议上，这名员工做了一次深刻的检讨，让我很满意的是，他没有为自己找任何借口，这是一个很好的迹象。但显然，他的同事们并不相信他，因为他过去屡屡食言，的确不足以让人相信。于是他进一步表示，自己如果不能说到做到，欢迎每一位同事及时提醒，请大家再给他一次机会。在得到同事们的首肯之后，会议结束了。

后来，这位员工的表现的确有了很大变化，他一改往日糟糕的形象，渐渐得到了同事们的认可。

这种将批评和解决问题同时进行的方式，可以直截了当地指出问题，以一种坦诚的方式获得建设性意见。不过，它需要一个条件：犯错误的员工本身要有自省意识，他必须承认自身存在问题，而且愿意进步、发展，需要获得支持和帮助。否则，问题是无法解决的。

最后我想要提醒一点，不管是先处理问题，还是先批评员工，或者两者同时进行，我们都要注意批评要及时。在面对比较紧急的问题时，无疑应该先处理事情再批评人，但如果处理事情的周期比较长，不应该等事情完全结束之后再批评。因为时过境迁，批评引起的心理效应会严重减弱。所以，当问题已经不再那么紧急时，即便尚未完全处理好，也应该尽早进行批评。

Part 7

一个管理者最大的成就，就是带出一支具有强大执行力和战斗力的团队。可假如你做过管理者就会明白，这一目标并不容易实现。因为，关于人的工作是很难做的，人与人之间的思维、认识层面、性格特征等的差异非常大，在每个团队中，都可能会有一些难缠的员工让人头疼。但也正因为这一工作不易完成，所以更能体现管理者的价值与作用。

治人篇：如何搞定难以搞定的员工？

1. 即使再难搞定的员工，你也要搞得定

在我做管理者之前，从没想到会有那么多难以搞定的员工。就拿沟通来说吧，我的成长经历决定了我身边的人总是彬彬有礼的绅士、淑女。所以，当我发现有的员工只要跟我沟通就情绪激动、濒临崩溃，有的员工在我尝试跟他交流时就开始拒绝开口，有的员工动不动就大声咆哮，还有的员工居然野蛮地用言语威胁时，我非常诧异，同时迅速意识到了身上的重担。

所以，当我从事管理工作之后再去看《西游记》，开始对唐僧进行重新审视，之后，不由得对他心生敬佩。作为团队管理者，唐僧是非常出色的，因为他带领自己的团队完成了目标。我们来看看他手下的三名员工：首先是工作能力出色，但也无法无天的孙猴子，然后是能力平平、比较听话但又喜欢偷懒的八戒，接着是任劳任怨、沉默寡言的沙僧，他可能是很多管理者心中的理想员工，但如果团队成员全都是这种类型，遇到问题的时候很可能就搞不定了。在对唐僧的行为进行重新解读之后，我对很多管理难题都豁然开朗了，所以建议大家不妨也去读读看，很可能真的可以帮你解决一些管理问题。

相信你和我一样，都遇到了不少难以搞定的员工吧？他们有的狂妄自负、意见很多，有的好吃懒做、挑肥拣瘦，有的喜欢拖延、不负责任，等等。有些员工还会兴风作浪，让我们头痛不已。有人可能认为这些人就是害群之马，不利于团队的发展。其实不然。

你会发现，那些难搞定的员工身上出现的问题，往往涉及他们的个性以及工作态度，而不是工作能力。事实上，这些员工往往是有思想、有才华的，

平庸无能之辈往往不会成为难搞定的员工，否则他们早被辞退了。另外，那些难搞定的员工还有一个难能可贵的优点，那就是他们大多勇于表达。虽然有些话可能让你不大愉快，有些话说得也未必正确，但这对管理者来说，是非常必要的，不是吗？

身为管理者，不要奢望你的所有员工都是既忠心又能干的诸葛孔明，让所有员工都认为企业利益高于一切也只是在理论上有可能。有的管理者会抱怨天下乌鸦一般黑，哪里都有刺儿头员工。的确，天下乌鸦一般黑，可是你想找一只白乌鸦的想法，本身就是不妥当的。我们应该做的，只是接受这个事实，然后爱屋及乌，尽可能地扬长避短，管好他们。

比如，假如你的团队中有一位像悟空一样工作能力超群，风头甚至盖过你的员工，你该怎么管理他？我们先来看看唐僧是怎样做的：首先他有紧箍咒，这是悬在悟空头上的达摩克利斯之剑，对我们来说这把剑就是公司的种种规章制度。但这还远远不够，还要充分利用人性。悟空这种个人英雄主义极强的能干型员工都有一种强烈的自我表现欲，于是每当遇到困难时，唐僧总会首先求助于悟空，而且每到一处地方，总是对遇到的人称赞他的这位爱徒是多么能干，充分满足了悟空的自尊心和虚荣心，也逼着他不得不在下一次行动时卖力表现。

虽然我个人并不倾向选择严苛的管理手段，但我绝对不会告诉管理者，你的员工都是心地单纯善良而美好的。你必须对他们身上的阴暗面有清晰的认识，然后用规章制度和你的威慑力，把所有可能出现的问题都扼杀在萌芽状态。

有句俗话说，“是才三分怪”。还有句话说，“永远没有不好的员工，只有不好的领导”。所以，如果你想要成为一名优秀的管理者，那么不管遇到什么样的烫手山芋，都要能妥善处理。在我看来，对于难缠员工管理的关键，不在于“管”，而在于“理”。

我们应该花费更多的精力去了解他们的心理和思想，而且必须要有这样的觉悟，首先要有容人之心，不要一看到他们就觉得不顺眼。然后要告诉自己：不管多么难缠的员工，都是可以使用的，而且他们的那些所谓缺点也是双刃剑，关键看我们怎么用。

总体来说，管理工作要用较完善的制度和合理的绩效考核体系来保证有序性。在此基础上，你可以记住下面这六条，或许可以帮你搞定难缠的员工：

用目标激励下属；用真情感动下属；用权力约束下属；用自律鞭策下属；用魅力征服下属；用培训重塑下属。

2. 价值观不同，每个人的工作态度不同

或许你以为每个人都应该跟你一样兢兢业业，在刻苦勤奋的工作中努力实现自身价值，但你会发现事实显然不是这样。有的员工，每天从上班开始就盼下班，从周一就开始盼周五；有的员工，最开心的时刻是发工资的时刻，除此之外，每天上班都一副别人欠他钱的神情；有的员工，从接受任务时的表情就可以看出，他最希望看到的是你不给他分配任务……

面对这些员工，你也许觉得他们难以理解，也许觉得他们不可救药，但你有没有想过，是什么原因造成的这种局面？在这些工作态度背后，有哪些原因？

在工作态度背后起主导作用的，是他们的人生观和价值观。

有一次我去印尼调研，和同事一起雇用了一位略懂英语的当地人做向导。这位向导很热情，一路上尽可能地用蹩脚的英语向我们介绍当地的风土人情，我们相处得很融洽。但到第四天，他却没有按时出现。我们等了很久依然见不到人，就去他家里寻找。然后，我们得到了一个这样的答案：“我的

钱赚得够花了，所以今天不工作了。”我们对于“够花”这一概念表示不太赞同，相信他所谓的够花，一定不是我们所认为的够用。于是我们问他：“那你赚的这些钱花完了怎么办？”他以惊讶的口气回答：“那就再去工作，再去赚呀。”他一副理所当然的神情，仿佛我们问了一个多么愚蠢的问题。

我还听过一个故事，跟我的经历几乎一样。那是在非洲，一支由西方人组成的考察队请了一些当地土著做向导兼挑夫。这些土著人力气很大，也肯吃苦，每天背着行李健步如飞，给他们带路。但是到了第四天，不管考察队怎么劝说，土著人都坚持要原地休息，不肯再走一步。大家都很奇怪，他们是想要多收钱吗？这时候，土著人的首领告诉他们：“按照我们的传统，如果连着赶了三天路，第四天必须要休息一天，免得让灵魂赶不上我们的脚步。”

我尊重他们的文化和行为，也会为这些故事所触动，但作为一个只恨时间太少的现代人，我不会认同他们的价值观。当然，他们也绝对不会认同我的价值观。这些价值观之间没有必然的优劣之分，只是不同罢了。我们要尊重差异，也要入乡随俗。也就是说，在非洲的土著人部落里，他们遵循自己的价值观工作没问题。但在美国和中国的公司里，每一名员工都要融入当地文化，让自己的价值观与企业的价值观相匹配。

在美国，据我所知，许多企业都在努力打造员工的价值观，确保它与企业的信念相一致，以便让企业获得持久竞争力。这固然是人力资源部门的主要任务，也是每一位管理者的责任。虽然需要一个过程，但他们的目标是让企业成为一个熔炉，不管员工的背景怎样，只要来到这里就可以融入企业文化，与公司的价值观趋于一致。

只是，回国之后我发现一个很严重的问题，如今中国的年轻人对财富和权力的追求过于强烈，对成功的定义也过于狭隘，以至于他们的价值观单一且片面——用财富、地位来证明自己。我并不反对大家追求财富和地位，它在某种程度上的确是能力的象征，也是很好的外在驱动力，但也不赞同员工的价值观仅仅限于名利。这样的员工虽然方便管理，但也极为危险，他们随时可以为利益而选择背叛。所以，帮员工树立正确且合适的价值取向，也是管理者的工作内容。

我所说的合适，是指这种价值观要跟员工所处的位置相匹配。比如，成为第二个比尔·盖茨这样的价值观当然没错，但对大部分基层员工来说太遥远、太高尚，不如让大家争做最好的自己。而且，每个人的生长环境、教育背景以及社会阅历不同，人与人之间无法平等地进行比较。但是，我们可以与昨天的自己相比，所以，努力做到最好的自己可以成为任何一名员工的核心价值观。我们可以鼓励员工努力从专业水平、人际交往、个人品行、处事心态等各方面提高个人素质。

除了努力成为更好的自己之外，我还主张员工应该快乐地工作。前者为主，后者为辅，两者结合在一起的价值观，既可以有效避免员工因过于追求上进而影响心态，也可以引导员工在工作上投入更多精力，不断追求进步。如果你能让员工拥有这两种价值观，就不会看到他们有“工作就是为了工资”之类的想法以及得过且过的工作态度。

为了倡导这些价值观，我们要做的是积极引导、鼓励帮助。在日常工作中，我们可以在这些价值观的指引下有意识地总结一些原则，把优秀楷模和不良典型都展示给大家，从而潜移默化地暗示、指引员工朝着你想要的积极上进的价值观走去。

3. “威逼利诱”，最基本的治人法则

提到“威逼利诱”这个贬义词，大部分人都会反感，不希望它跟自己有任何关系。不过，我们在这里用的是加引号的“威逼利诱”，在管理员工时，这四个字还是非常管用的。

我们曾经讲过，要懂人性通人情，才能成为好的管理者。基本上，我相信麦格雷戈的 X 理论；相信人性本恶；相信人类基本上只喜欢享乐，并不喜欢辛苦工作，而且希望尽可能地逃避责任。比如：

有的员工只要有机会就偷懒，对于你分配的工作能推就推，绝不肯主动承担更多任务；

有的员工没有上进心，过分安于现状，特别害怕冒险，也不肯勇于承担责任；

有的员工自制力特别差，很容易受到外在环境和自身情绪的影响；

有的员工只能看到眼前利益，不顾长远利益，所以会选择目前让自己获利最大的行为。

事实上，在大部分员工身上，我们都能找到这些问题。而且，个人与企业之间有共同利益，也有相对立的一面。所以，为了达到企业的目标，必须依靠某些外力对员工进行约束。这些管制手段，除了春风化雨、润物无声的感化之外，还要有暴风骤雨、胆战心惊的控制、强迫等手段。

用马基雅弗利的话来说，“目的总是证明手段是正确的”，在管理中，法无成法，根据企业自身实际情况，选择合适的管理手段，才是优秀的管理者。只是，基于对人性的了解，在绝大部分企业中，我们都要用到“威逼利诱”这个最基本的治人法则。

1. 威逼——“大棒”政策。

这里的“威”可以是权威、威望、威严、威胁等。不管你多么温和，多么平易近人，身为管理者，都应该有自己的权威与威信。一般来说，这种权威来自两方面：一是靠自己的人格魅力和业务能力征服了下属；一是自己所处的位置对下属的利益有直接影响，所以他们不得不对你有敬畏之心。

或许有的管理者认为管理应该“君子坦荡荡”，一切管理手段都应该光明

磊落，威胁之类的做法难登大雅之堂。但事实上，管理者所发布的每一道命令、给出的每一步指示，背后都隐含着威胁的意味：“假如你不这样做，就有可能挨批评”“假如你不这样做，就有可能受惩罚”“假如你不这样做，就有可能失去这份工作”……正是这些未曾明言但大家都有共识的威胁，使得管理者更容易树立起自己的权威。

有了“威”之后，我们可以利用它来“逼迫”员工成长。你可以逼新人尽快融入环境，你可以逼老员工重新找回新人的热情，你可以逼遇到问题的员工咬牙坚持，你可以逼违反纪律的员工改正错误，等等。

对员工来说，“大棒”自然是让他们不那么舒服的，但它所引起的害怕和敬畏，对管理者和员工本身来说，都是有利的。人必要有所畏惧，才会收敛自己的野性与劣根性。正因为这样，古罗马军队才会有这样一句名言——好的士兵害怕长官的程度应该远远超过害怕敌人的程度。

2. 利诱——“胡萝卜”政策。

用西方古典经济学的理论来看，人的一切行为和动机，都是由经济利益决定的，因为每一个人首先都是经济人。中国古人也有经验：“重赏之下，必有勇夫。”所以，你想获得更多，就先给予他们一些利益吧。

其实，员工与管理者的关系，本身就是建立在利益基础之上的。企业向员工支付报酬，员工向企业付出劳动。员工工作的目的可以是实现自身价值，但这种价值很大程度上也是通过获得的回报体现出来的。

对管理者来说，最直接也最常用的利诱方法就是，把员工的报酬与业绩挂钩，用奖金来购买员工的服从与效率。除此之外，还可以用言语激励，描述出企业和员工个人发展的美妙前景，用这幅蓝图来引诱员工努力工作。只是，物质引诱与精神引诱应该相结合使用，单单用一种方式，效果都只会持续一阵子，而且不够显著。

我们都知道，在管理工作中，管理者必然要运用自己的职权来发号施令，让员工听从指挥。这才是你的根本目的，其他一切管理手段都是为此服务的。所以，“胡萝卜”和“大棒”，一个都不能少。就像拿破仑所说的那样：“我有时像狮子，有时像绵羊。我的全部成功秘密在于：我知道什么时候我应当是前者，什么时候是后者。”管理者要做的也是如此，知道什么时候该威逼，什么时候该利诱，并且知道具体该运用哪些手段，这样就已经是一名合格的管理者了。

4. 自律性差的员工，你要帮他养成习惯

虽然每一家企业都会制定种种规定来规范员工的行为，但管理者不可能每天都盯着每一名员工，员工的大部分行动管理者是看不到的；所以必须靠员工自律。只有让员工自动自发地遵循制度、努力工作，管理者才能真的放心。

如果团队中的每一位成员都有极强的自律性和很高的素质，大局意识也非常强，既能不加推托地接受每一项任务，也能不打折扣地按时完成它……相信这一定是每一位管理者梦寐以求的场景。只可惜，理想和现实总是有差距的，现实中的团队，没有哪一个能让人高枕无忧，你会发现，总有一些自觉性不够的员工让你头痛不已。

比如，有些员工做事效率低下，每天磨磨蹭蹭，不知道时间用在哪里了；有些员工没有节约意识，工作中用到的物资损耗极快；有些员工当面一套背后一套，只要上司不在就想偷懒休息；有些员工喜欢用公司电话打私人长途；有的员工喜欢在上班时间偷偷溜出去办私事；有些员工在客户面前态度倨傲，影响公司形象……这都是常见的自律性差的表现。

那么，在你看来，员工的哪些表现是自律性好，哪些是自律性差呢？

有一位管理者曾向我咨询，说公司有一名年轻员工，平时做事很有条

理，不管是自己的办公桌还是交给他的任务，都能打理得妥妥当当。这位管理者对他的表现很满意，除了一点，他不肯加班。原来，在这家公司有一个不成文的规定，下班总要晚走一会儿。所以按时上下班的他，就格外显眼。这位管理者问我，他不肯自觉主动地加班，是不是缺乏奉献精神？

我问他："他有没有过没按时完成任务的记录？"

这位管理者摇摇头。

我又问他："你那些每天加班的员工，是因为工作量真的大到不得不加班吗？"

他又摇摇头说："其实我也知道，他们只是觉得大家都加班，自己不能先走。"

"那么，你是不是对于众人集体自觉加班的行为非常满意？"我问他。

看他点头，我接着说："那么，正是你这种赞许的态度，导致了这种看似可喜实则可悲的局面。如果工作量本身不大，也没有激增，那么加班本身意味着上班时没有努力。虽然他们的工作时间增长了，但是没有给企业带来更多利益，相反还增加了办公成本，这是一种不负责任或者无能的表现。"

我停顿了一下接着说："相反，刚才你提到的那位员工才是应该珍惜和鼓励的自律型人才。他不肯随波逐流，严格管理自己的工作和生活，你不认为这种品质很可贵吗？"

后来我发现，和这位管理者一样，很多管理者本身对自律这一问题的认识就有偏差，以至于团队中屡屡出现一些做表面工作糊弄人的现象。这将是一种非常可怕的恶性循环，所以，管理者首先应该对"自律"有清醒的认识，然后才是帮自律性差的员工养成好习惯。

在我看来，所谓自律，是用理性的思考而不是感性的冲动来决定自己的行动。自律性强的人会为了长期利益牺牲眼前的享受，他们会为自己制订详细的计划，能够从容不迫地管理好自己的时间、情绪。而那些自律性差的员工恰好相反，他们缺乏理性规划，没有长期目标和职业规划，自我管理能力低下，常常表现出拖延、意志薄弱、不负责任、执行力差等特点。

对于自律性差的员工，我们要像父母对待孩子一样，帮他们养成良好的习惯。

一般来说，我会从以下这些方面入手：

用制度来约束人，但规则不能太多太繁；

培养员工的主人翁意识，让他们觉得是在为自己工作，真正关心公司的前途命运；

强调职业生涯规划的重要性，帮员工理性面对工作中的各种挑战和迷茫；

设法了解每位员工喜欢或不喜欢的工作内容，尽量让员工感到快乐；

了解员工的工作动力，帮他们实现个人发展和个人目标，重视他们的个人成长与发展；

有意识地给员工安排具有挑战性的工作，让他们主动承担一些风险和责任；

在工作中减少对于具体操作步骤的指导，培养员工的主动性和独立思考能力，也让他们在创造性的工作中体验到成就感。

只是，“自律”本身就意味着自我约束、自我管理，本来就不应该向外界寻求太多帮助。所以，总是强迫员工做某些事情，很难让他们养成习惯。比如有员工多年以来从不迟到，只是因为迟到要重重罚款，那么一旦取消这一制度，他必然会迟到。相反，如果他不迟到的原因是因为迟者自误，因为感觉迟到很丢人，那么他就会表现出非常强的自律性。

所以，我们只能一方面用制度约束，帮员工养成一些能表现出自律性的习惯，然后让他们在重复这些习惯的过程中，拥有自我管理的主动性；另一方面，向他们传递积极向上的价值观，让他们自内而外地自觉约束自己。

5. 倚老卖老的员工，尊重之外要引导

不管在哪一家公司，都有这样一群人，他们在这家公司已经工作了相当长的时间，对公司的情况了若指掌，很多工作细节甚至比你这位管理者还清楚，连老板都敬他们三分。他们曾经为公司的发展立下了汗马功劳，他们是公司上上下下尊重的对象，然而，当他们跨入倚老卖老型员工行列时，就开始成为企业发展的障碍，也成为管理起来颇为棘手的人群。

不要以为倚老卖老型的员工只会让新上任的管理者难做，他们的特殊性决定了所有管理者都要对他们格外重视，需要耐心对待。

有一家民企的老板曾经向我诉说过他的苦恼：

“从当初几个人一起奋斗，到现在拥有上百名员工，我非常感激多年来跟着我一起辛苦打拼的那些老员工。但是这些人也让我感到很无奈。刚开始创业时，公司没有什么规章制度，一切全靠我来定夺，大家为了共同利益一般也没什么异议。现在员工多了，我制定了一套制度，希望规范自己的管理。可是那些老员工习惯了以前跟我称兄道弟的日子，依然我行我素，不守规矩，这让新员工颇有微词。

“我对他们一向尊重有加，可现在他们对我意见很大。原因是根据我制定的制度，加班才有加班费可以拿。他们几个从不加班，发工资时看到别人拿到不少的加班费又眼红，还把财务给骂哭了。他们找我来理论，我委婉地说，财务也是照章办事，不怪他们。结果，这就把他们给得罪了，整天发牢骚抱怨我。

“按理说，我应该让这些老员工成为管理者，这样也许可以让他们有所改变。但我太清楚，他们只适合办事不适合做管理，所以我宁愿招聘专业的管理人才。可是他们几个又总是给主管找麻烦，我现在很头疼，真的不知道该拿他们怎么办。”

遇到倚老卖老型员工，相信这是很多管理者的苦恼吧。首先我们来总结一下这些员工的特点：

他们未必年龄大，但一定资历老，在目前的工作单位工龄较长；他们一般来说曾经为企业做出过贡献或者正在为企业做着突出贡献。

正因为有了这两点，他们才有了“倚仗”的资本，出现了以下种种行径：

有些人爱摆架子，对谁都不屑一顾，不把上司放在眼里，对新来的员工颐指气使；有些人在工作中挑肥拣瘦，不肯多付出却总想多索取；有些人工作方式陈旧，思维模式僵化，经验主义思想严重，因循守旧不肯改变；有些人知识系统老化且不肯更新，工作热情低下；有些人对薪酬满意度很低，总在团队内部发牢骚；有些人不服从管理，甚至挑战制度与规定……

我们可以看到，倚老卖老的行为本身不是好现象，但它的具体表现也有恶劣程度轻重的不同。我相信，这些员工刚来公司时，一定不是这样的。那么为什么会出现这种情况？

他们过于强调自己的优点和贡献，不肯承认或者故意忽视自己的不足之处；他们喜欢工作中有新的挑战或者承担更大的责任，渴望有更高的平台；他们过于注重个人贡献，不重视团队作用，因而藐视规章制度；他们认为有些管理者技术不过硬或者不够了解情况，因而是瞎指挥；他们拥有丰富经验的同时也让思维形成了定势，所以拒绝变化；他们年龄渐长，于是更追求稳定而不是变化，所以缺乏激情和学习的动力……

这些让管理者无比头痛的倚老卖老型员工，也许你可以把他们全部辞退，让团队内部全是容易管理的员工。但你得到的会是一个非常听话却不大可靠的团队，这样的团队虽然便于管理，但关键时候可能会找不到挑大梁者。所以，那些倚老卖老的员工固然让管理者头痛，却也是公司的宝贵财富与资源，应该根据其表现区别对待，不可一概抹杀其功绩。一般来说，我会给管理者下面这些建议：

对他们要足够尊重，别在他们面前摆架子，多给他们留面子。

不要对他们心存偏见，多称赞他们的工作表现，该请教的时候就请教他们。

不对老员工的工作热情有过高的苛求，而是应该多关注其优点，充分利用他们的经验以及对公司的忠诚。

绩效考核面前人人平等，没有新老员工之分。但在福利方面可以有所倾斜，比如根据工作年限的长短增加企业年金，或者给予奖金、股权等。

适当给他们权力，结合其特长建立小组，借用他们的能力帮忙培养新人，从而让他们认识到团队合作的重要性，并且逐步削弱他们的个人英雄主义思想。

老员工出现知识老化的现象，管理者是应该反思的，这说明你没有及时培训、培养他们。所以，可以通过系统培训、调换岗位、参观学习等措施帮助他们学习。

制造危机，让他们充满危机感，如果某些态度不端正的老员工表现依然照旧，用自己的消极态度影响整个团队，那就用制度淘汰他们。

最后，大家应该都知道赵匡胤“杯酒释兵权”的故事。对于元老级的倚老卖老型员工，管理者更要警惕他们各自为政难以管理，甚至是带着宝贵资源一走了之的状况发生，避免让公司蒙受巨大损失。因此，对他们要格外尊重，也要格外用心。

6. 情绪不稳的员工，心理疏导是关键

员工情绪不稳定看似是他们个人的事情，与管理者无关，但事实上，与工作有关的事情都与管理者有关。显然，员工的情绪直接决定了他们的工作状态，从心理学角度来看，一个人心情愉悦的时候头脑活跃、思维灵敏，工作效率自然就高。所以，管理员工的情绪与心态，管理者责无旁贷。

简单来说，我们可以把人的情绪分为两种，一种积极、正面、阳光，一种消极、负面、阴暗。无疑，有助于提高工作效率的，肯定是前一种。理想的状态是每一位团队成员都能态度乐观、积极、向上，充满热心、希望与信念。实际情况当然不是这样，所以，我们要对员工进行情绪管理，唤起他们自身的正面能量。

我在美国的时候，如果遇到不得不裁员的情况，一定会赠送给员工一份心理疏导服务。一般来说，七到十次服务就可以有效缓解员工心态出现的各种问题。这种心理疏导服务不需要由我来进行，因为美国有专门的员工帮助计划，也就是 Employee Assistance Program，简称 EAP。

而且，据我所知，在美国大约有四分之一的企业的员工常年享受 EAP 提供的服务，包括压力管理、职业心理健康、裁员心理危机、灾难性事件、职业生涯发展、健康生活方式、法律纠纷、理财问题、饮食习惯、减肥等各个方面。我们可以看到，这些服务几乎涵盖了员工生活、工作的各个方面，成为一套系统的心理福利。

这种心理疏导服务虽然看似增加了企业成本，但从长远、整体角度来看是对企业有利的。一方面它可以有效避免员工与企业出现劳资纠纷，另一方面更能提高其工作绩效。但是我回国之后发现，中国企业中接受这一理念的不多。但我相信时至今日，随着人们工作节奏越来越快、生活压力越来越大、幸福指数越来越低，已经有越来越多的企业和管理者意识到员工心理与心态问题的严重性。

所以，如果是有条件的企业，我建议大家也引入这种员工心理疏导服务，请专业的心理咨询师帮员工及时疏导工作、生活中出现的各种问题。倘若没有条件，就要管理者自己花更多心思，对情绪出现问题的员工重点关注。

其实这种情绪管理说起来并不复杂，我们只要做两方面的工作：一是细心观察，发现问题；另一个是因地制宜，科学引导。

首先，我们应该先注意到员工在情绪上存在的问题，这需要我们细心观察——多看。如果是一线管理者，会很容易发现员工的情绪波动，但大多数管理者不可能随时留意员工的行为细节，这时候最简单的办法是每一次见面时仔细观察他们的行为举止。另一方面要看员工的工作表现，在工作出现失误以及异常情况时，尤其要关注员工的情绪。

根据我的经验，正常情况下，员工情绪上出现的问题主要是“压力大、烦躁、迷茫、倦怠”等。当然，你要结合自己团队中员工表现出来的具体问题来总结自己所处的行业领域和企业环境中，员工可能容易出现哪些情绪问题，然后再分门别类，同时结合每一名员工的具体情况进行心理疏导。

一般来说，在给出对策之前我们要了解成因，而事情的成因往往可以从内外两方面考虑，员工情绪也是如此。

从外因来看，企业考核中存在不公平不合理、没有畅通的沟通渠道、家庭关系不和睦，甚至所在城市居民整体的幸福指数和生活状况等，都有可能是员工产生消极情绪的原因。

从内因来看，员工自身性格内向悲观、认识层次不高、社会阅历较浅、承受的压力过大，以及种种突发状况等，都会引起不良情绪。

弄清楚了员工情绪问题的诱因之后，我们就可以有的放矢地进行疏导。但不管你打算怎样疏导，都会有一些不得不做的事，比如：

要让员工打心底接纳你这个人，否则你根本走不进他们的内心，也打不开心结。一般来说，员工情绪、心理出现问题时，只要肯跟你说，就是成功的开端。

不要冷落有情绪的员工，哪怕他们表现得非常冷漠，因为实际上他们非常需要你的温暖。即便遇到尴尬的场面，也要对他们多一些宽容和耐心。

过犹不及。不要试图逼迫员工跟你谈心，在他们需要安静的时候也不要用你的关心去打扰他们。只要让他们感受到你和其他同事的真诚与关怀即可，给他们一些时间和安静的空间。

最后我想强调一点，对于情绪有问题的员工，管理者的耐心最为关键。哪怕遭到冷遇，哪怕毫无成效，我们都不可以轻易放弃。当你的用心让他们感受到时，就会得到他们的认同。

7. 吃里爬外的员工，让他回到正确的轨道上

在绝大多数管理者眼中，自律性差、倚老卖老、情绪不稳、心态不好的员工，与那些吃里爬外者相比，简直是小巫见大巫，后者是罪不可赦的，一旦发现就只有辞退这一条路可以选择。没错，诸如吃回扣、干私活、打外单等利用公司资源去谋取自身利益，甚至出卖公司情报的行径，是应该严厉禁止的。

但问题在于，有资格吃里爬外的员工可能掌握着相当一部分公司的核心技术、重要资源或者某些秘密。如果直接把他们辞退，公司可能会遭受到更大的损失。这时候，左右为难的管理者该怎么办？

我不想替这些员工辩解，只想先讲一个故事：

我刚刚工作时，公司里有一位年龄比较大的同事鲍勃。和我们这些受过良好教育、激情飞扬的年轻人相比，他在部门里显得有些暮气沉沉。他工作时虽然很认真也很努力，但在IT行业里，掌握先进技术的年轻人明显更有优势，所以鲍勃的工作压力显然非常大。而我们这些年轻人难以理解他的压力，所以也不会刻意去照顾他的情绪。甚至当鲍勃工作出现问题时，我们还会抱怨他怎样犯这么白痴的错误。

终于有一天，我们得知鲍勃出事了。一位同事发现他在为我们行业的另一家公司工作，把我们的劳动成果偷偷拿给别人。原来，在与我们的竞争中，内向的鲍勃整天都在担心自己随时会失业，他思考再三，决定提前为自己另

谋出路，于是才出此下策。回想起自己平时丝毫不体贴鲍勃心情的行为，我们都感到内疚，也为鲍勃感到惋惜，他一定要被赶走了。

但事情的处理结果却出乎我们意料，经理没有开除鲍勃，相反还鼓励他，说他对公司的发展很重要，公司不能没有他。最后，鲍勃留下了，我们对他更友善了，而拥有多年工作经验的他和我们取长补短，合作得非常融洽。

这件事给我留下了深刻的印象，在我的管理生涯中常常被记起。每当我遇到员工有不忠诚的行为时，都会设身处地地为他们着想，会平静地分析成因，同时反省自己的失误，以及该如何补救。

客观来讲，在全球化的经济大潮中，企业自身的生存压力往往很大，他们在人员任免方面不得不更为灵活，这意味着他们很难向员工提供终身雇用制。于是，当企业发现员工不能继续为其创造价值时，会毫不犹豫地抛弃他。当然，当员工发现企业不能为其提供更大的发展空间时，也可以选择离开。而且，在网络时代，跳槽变得比以往容易多了。但是，我们不要忘记一点，在员工与企业之间，相对而言，企业永远是强势那一方。所以，我们对处于弱势地位的员工，要有更多体谅和更充满人性的关怀。

我这样说不是在替他们开脱，而是希望管理者能够更冷静、客观地看待这类事，而不是一遇到这样的事情就怒火中烧，失去理智。在美国，很多员工在新公司上班的第一天就开始寻找另一份新工作，这并不奇怪。相反，我想提醒大家的是，这类事件很有可能发生在我们自己身上，它不是那么遥不可及的，我们要做好各种防范措施。

大家应该知道英国巴林银行倒闭案，我想借用当时巴林老板彼得·诺里斯接受采访时说的一句话："我认为可以从中吸取很多教训，最基本的一条就是不要想当然地认为所有的员工都是正直、诚实的，这就是人类本性的可悲之处。"这是诺里斯花了巨大代价得出的经验，值得所有管理者铭记。

员工出现吃里爬外的情况原因可能很多，抗拒不了利益的诱惑，心理不平衡以至于出现报复心理，一时失足被利用，职业道德差等，甚至还有一些员工本来就是竞争对手派来的“卧底”。原因的不同也决定了要对他们区别对待。比如，如果是职业道德特别差的员工，可以毫不犹豫地淘汰。至于一时失足的员工，可以考虑批评教育，让他们重回正轨。

当员工真的出现吃里爬外的现象时，我们只能对症下药，让他们感到内疚和歉意，从而提高其对企业的忠诚度。

对于员工吃里爬外的行为，最好的约束就是企业有严明的制度。当问题发生时，应该严格按照规定进行惩罚，杀一儆百，让所有员工都引以为戒。与此同时，要从思想的高度来教育他们。这时候，过于高尚或者虚无缥缈的言语作用不大，应该攻心，结合他们的实际情况，真正表现出对他们的体谅和关心，这样能让他们放下思想包袱改过自新，把内疚转化为努力奉献的动力。在培养员工忠诚度方面，企业文化和情感始终比物质手段更管用，所以我们要努力通过各种形式的关爱，加强与员工之间的关系，从而拥有开放信任的工作氛围。

最后，亡羊补牢固然好，但在羊丢掉之前就把羊圈修补结实岂不更好？所以，为了防止员工吃里爬外的情形出现，平日努力提高员工的忠诚度，就可以防患于未然了。尤其是营销、技术等部门，员工掌握的资源较多，受到的诱惑较大，所以更要着重预防。

8. 吃回头草的员工，不能和其他人同等对待

中国有句俗话叫“好马不吃回头草”，但随着人才竞争越来越激烈、就业率越来越低，一些当初自己主动离职的员工在其他企业工作了一段时间之后，会选择再次复职。这种现象并不罕见，比如，吴士宏在离开 TCL 五年之后，于 2007 年又重新回到原东家；陈永正在离职一年之后又重新返回摩托

罗拉并且担任中国区最高管理者的职位。

再比如，2007 年，安娜 · 帕特森（Anna Patterson）从 Google 离职，开发了一个名叫 Cuil（谷奥）的搜索引擎，号称 Google 杀手。不过，既然我们现在都不大知道 Cuil，说明安娜·帕特森没有完成她打败 Google 的宏伟目标。2010 年，颇为落寞的安娜 · 帕特森决定重新回到 Google，而 Google 也非常欢迎，给了她研究经理的职位。

也许很多中国的管理者会慨叹这些企业的大度，因为就整体而言，中国企业还没有完全接纳吃回头草者的习惯，没有给他们留出多少空间。实际上，这些企业不仅仅是因为大度才重新接纳前任员工，而是考虑到了他们复职的好处。

对于企业来说，聘用新人毕竟是有风险的，而复职员工经验丰富、对公司内外环境都很熟悉，可以减少磨合期，为企业节省时间和培养成本。而且企业对他们也非常了解，更容易人尽其才，避免资源浪费。而且，在他们离职的时间里，会获得新的知识和新的经验，也能为企业带来新思路，有可能创造更多的价值。再者，经过深思熟虑之后决定放下面子，重新回原公司的员工，一般都会有较高的忠诚度。而他们的回归，也会给企业员工传递出这样一个信息——外面的世界未必精彩，我们应该珍惜现在拥有的这份工作。所以，如果他们工作记录良好，只是因为个人原因而不是被迫离职的，为什么不考虑重新聘用他们呢？

也正因为这样，摩托罗拉才会专门建立一套科学完备的“回聘”制度，鼓励核心人才复职；而麦肯锡建立了“毕业生网络”，把离职的员工都登记在校友录上，定期向他们发出邀请；著名的管理咨询公司 Bain（贝恩）则专门设立了一个部门管理旧雇员，建立了一个数据库，专门记录离职员工的职业变化情况。这些公司不惜成本进行情感投资，都是为了将来的某一天能重新利用这些人才。事实证明，这些投资也的确为它们带来了丰厚的回报。

显然，出于文化传统的影响，中国大部分企业在这些方面做得并不好。而事实上，重新接纳离职员工，体现出的是管理制度的成熟，以及管理者对职场流动现象有了更科学的认识和更高的包容度。所以，这也是今后我们的发展方向。

不过，不管吃回头草的员工有多少优点，我们都不得不承认，他们的行为本身必然会带来负面影响：

首先这会让公司其他员工认为，进进出出公司很容易，这会导致他们不能踏实工作，造成反正辞职了出去走走看看，发展得不好还可以回来的心理。

其次，如果复职之后依然能够享受原来的待遇和职位，会对同级别的其他员工产生负面影响，让他们有情绪。但如果降级使用，复职员工本身满意度会很低。

再次，如果员工离职时间较长，企业已经花费了相当多的成本来招聘新的人才填补其职位空缺。这时候对于不能回到原职位的离职员工，企业要重新考虑其岗位问题，让其进行新的磨合与培训，反倒有可能为企业增加成本。

复职的员工和原来的同事之间，心态上会有一些微妙的变化。其他同事可能会对他心存轻视，而他本人可能也会觉得尴尬，这并不利于团队建设。

在理清吃回头草员工的利弊之后，我们就可以结合自身情况一分为二地看问题了。无论如何，针对这些员工都是应该区别对待的。面对他们重返企业的请求，我们必须要考虑清楚下面这些问题：

首先我们要考虑：他是不是一匹好马，值不值得重新接纳？还要考虑：公司目前是否还有合适的位置给他？他重新回来的动机是不是单纯，是否只是把企业当作跳板？未来他再次离职的可能性有多大？他们在离职期间有没有成长？他们在新职位上的工作表现怎样？当初为什么选择离开这家企业？

他们原来在职期间和现任员工关系怎样，是否会与他们在情感和利益上产生冲突？复职之后他们会对岗位、待遇提出怎样的要求，企业是否能够满足？他们到底能给企业带来多大的价值？

只有回答完这些问题，我们才能决定是否应该接纳那些吃回头草的员工。如果这些员工对企业依然有价值或者价值很大，那么我们可以敞开怀抱欢迎他们；倘若权衡利弊之后发现他们对企业价值不大或者会成为企业的负担，那么也没有必要为了体现胸怀而接纳他们。

不过，一旦我们接纳了吃回头草的员工之后，除了关注他们的心理状态、防止出现问题之外，在其他方面要对他们一视同仁，不可存在歧视或偏见。否则，假如本身就敏感的吃回头草的员工感到自己受到不公平待遇，就很难为企业做出大的贡献。

Part 8

在任何组织中，副手都是一个相当棘手的职位。虽然身处一人之下万人之上，看似风光无限，但他们实则有着无限的责任和有限的权力，他们既要做好老板的参谋和助手，也要做好下属的上司和领导，还要协调和其他副手的关系。具有承上启下地位的他们，在这既重要又特殊的职位上，该怎样做才能成为老板最欣赏的那种人？

副手篇：

如何成为老板想要的人？

1. 摆正自己的位置，副手不是附手是助手

如果可以选择，我不会做副手。但我不得不承认，做副手的经历非常考验人，尤其是在中国做副手，绝对有利于我们洞明世事、练达人情。

不知道大家有没有发现，在中国有一个很有意思的现象，不管在什么行业，副经理也好，副主任也好，副处长也好，大家在称呼他们时，都会非常自觉地去掉“副”字。为什么呢？因为中国人似乎非常忌讳“副”字。任何时候，副职待遇永远不如正职，权力也大打折扣。所以，从这种现象就可以看出，在中国人心中，副手的位置是非常微妙的。

大家心中都有共识，一个副手如果表现得太能干、太有想法、太有威望，很有可能引起正职的猜疑。因为任何时候，副职都是离正职最近的威胁，他们之间必然存在着激烈的竞争。所以，副手一不小心就有可能成为正职心中的敌人。虽然正副职之间的矛盾主要责任往往在于正职，但身为副手，必需对自身处境有所了解，给自己一个准确的定位。

首先，副手不是附手，你不是正职的附庸，更不是木偶，所以不可以只做正职的应声虫。我曾经听过一句俗语叫“副官副官，吃饱溜圈”，这句话很形象地描述了某些副手的形象，他们认为反正自己是配角，功劳和责任都是一把手的，跟自己也没啥关系，于是不思进取，放弃了有所作为的可能。的确，副手不能对组织中的事情做出最终决策，但这绝不意味着对自己分管的工作也可以放任不管。你应该在自己分管的工作范围内充分施展能力，履行自己应尽的职责，让所有人看到你的思维高度、执行能力和管理才能。

把所有事情都推给正职，固然是一种明哲保身的表现，但同时也是推卸责任之举，这种不作为会让老板觉得你的存在毫无价值。上司和下属都会觉得你没有能力，不称职。所以，身为副手，固然行事应该更谨慎，但也不必过于瞻前顾后、谨小慎微，在自己的职权范围内要大胆履行职责，以赢得上上下下的认可。

与此同时，我们也不要忘记自己始终只是助手，不能以主角自居。一般来说，在自己分管的领域内，副手往往是有决策权的，在这个过程中很容易渐渐出现角色错位的问题，忽略了正职的存在。因此，尽管在自己的职权范围内，副手在做决策之前也不要忘了跟正职汇报，尊重其知情权。只有这样，才有利于为自己构建团结和睦的工作氛围。

倘若正职尊重你和其他副手，给予你一定的权力，这时候你要牢牢记住自己的角色，不可超越权限，自大妄为；倘若你的正职是一个独裁者，不肯听取你的意见和建议，凡事都自己做决定，不肯跟副手们商议，这时候你更要心理平衡，提醒自己是被管理者。

毫无疑问，你一定会发现，身为副手的自己，不得不成为一个矛盾体，既要做管理者，也要做被管理者；既要做决策者，也要做执行者；既要服从决定，又不能盲从附和；既要考虑自己直属员工的利益，更要顾全公司大局。副手表现得太好或者太差都不行，在拿捏分寸方面丝毫马虎不得。

可是，尽管谁都知道副手难当，它却往往是我们职业生涯中难以避免的一段过程，而且这一尴尬的位置对整个团队来说也是非常重要的。所以，收起你所有的委屈和抱怨，多思考自己该如何摆正位置，做好副手吧。

根据经验，我总结出了做副手的一些心得，在这里跟大家一起分享：把事情做到位，但坚决不要越位；用好手中的权力，但千万不要越权；要能独当一面，但切忌太抢风头；做事要任劳任怨，但绝对不要争抢功劳；要有自己的主见，但不可忘记请示。倘若能够做到这些，一般来说，这就是一位相当成功的副手了。

不过，副手到底应该积极主动一些，还是沉默安分一些，也要视具体工作环境和正职的性格态度而定。我们不能决定正职的行事作风，但可以改变自己的处事策略。如果你能让自己拥有平和的心态，让自己的权力和责任更明晰，与上司通力合作，与下属全力以赴，就可以成为正职的左膀右臂，让自己更加安全地有所作为。

2. 先承诺后申请，你会把自己“玩死”

中国有所谓“将在外君命有所不受”以及“先斩后奏”这样的教诲，无形中会鼓励一部分有个人英雄主义情结的人试图摆脱束缚大展拳脚。但你是否仔细研究过历史？先斩后奏这种事情只能是极其偶然的特例，绝不可以成为常规，否则迟早会给自己带来杀身之祸。

身为副职也是一样，协助与配合正职的工作才是你的职责，你只可以为他提供工作思路和备选的策略，不能替他做出决断、拿出决策。在下属面前尤其要注意，不要不经正职同意就自作主张向下属表态，一旦让正职觉得被冒犯，你就会陷入非常被动的局面。所以，在权力面前，副手一定要注意，不要越雷池一步，否则，出位只能让自己出局。

有位总经理曾经跟我讲过一件发生在他自己身上的事情：公司新来了一位副总经理，一开始他谦虚好学，对上上下下都很尊重，所以他们相处得相当融洽。于是，他也就很放心地把许多工作交给他去处理了。

几个月之前，这位总经理要亲自争取一个大项目，不仅要频繁出差协调各方关系，还要经常向集团领导汇报，和其他分公司经理商议，所以整天都辗转在其他分公司经理的办公室和路上，没有太多时间过问自己公司的日常运营。看到公司上下井然有序，他还口头表扬过那位副总经理。

等到他忙完那个项目，重新安坐办公室，却发现自己简直快要成了多余的人。员工请假签字都是找那位副总，有什么决定都是找副总请示，简直视自己如无物。这位总经理心里不大舒服，可是又想，也许是这一两个月自己没有过问内部管理，员工们习惯了有事找副总请示吧，过一阵子就好了。

然而有一天，当他无意中听到几个新员工的谈话时，才发现事情的严重性。那几位新员工在畅谈自己今后在这里的发展问题，把蓝图描述得活灵活现，还说有副总的支持他们一定会大展宏图。新员工在公司的发展规划，这些自己怎么不知道？他忍住不快，找那位副总谈话，对方很痛快地承认，是自己自作主张向员工许诺了美好的未来，新员工的发展蓝图也是自己制定的，想要先等员工反馈回意见之后，再向他汇报。这位总经理当时一言不发，后来在跟我讲述时他说：“他都已经跟员工承诺得那么美好了，我还能说什么？要是我提出反对意见，岂不是我限制他们发展？

“那件事之后，我就开始提防他，渐渐把他的权力架空了。员工都不傻，就连那几个新来的员工也很快发现，公司到底谁说话更有分量。于是渐渐地，他的办公室开始门可罗雀。与此同时，我也有意无意地在集团领导面前提起他在公司内部搞小团体。我知道这是集团领导最忌讳的事。就在前些天，他主动辞职离开了。”

别怪这位总经理气量狭小，我相信，换作是你，也会这么做的。在领导看来，不把他们放在眼里的行为是不能容忍的。即便是副职，也是正职的下属。既然是下属，就一定不要恃宠而骄，更不可以越权。今天超越权限一点点，明天就有可能变本加厉，总有一天会不可收拾。所以，类似故事中那位副总的行为，是一定不要出现的。你给员工做出了承诺，却没有事先知会上司，这种先斩后奏的行为，会把自己置于非常危险的境地。

或许你会觉得，不管怎样我也是副总，领导授权给我了呀，一些无关大局的事情，我为什么不能自己做决定呢？或者说，我不愿意拿一些鸡毛蒜皮

的事去麻烦总经理。诚然，无关紧要而且在自己职权范围内的事情，你可以自作主张。但哪些事无关紧要你说了不算，要由上司决定。倘若在你看来这些事不要紧，擅自答应了下属，可是上司却觉得不是这样，这时候你该怎么办？在中国人的传统观念里，副手不管事无巨细都要及时请示上司，否则就会让对方觉得你不够重视他，这必然会给你带来麻烦。

诸位可能听到过 DHL 快递员的故事。当他在暴雨天送快递时，桥梁被冲垮了，为了在承诺客户的时间内送达，他自作主张雇了一架直升机，把包裹送到客户手中。后来，公司为他报销了这次送快递的昂贵费用。倘若这件事发生在中国，你能想象得出是怎样的结果吗？假如你是副手，指示自己的下属这样去做却没有请示上司，你认为他会怎么想？

不管你对中国这种“先请示再执行”的管理文化有多少意见，既然你身处其中，就要尊重它。否则，不仅会干扰正常的办公秩序，让员工无所适从，更会影响你的前途。

3. 跟老板抱怨下属，只能说明你的无能

朋友曾给我讲过一个真实的笑话，有一天，他的另一位做管理的朋友跟他抱怨下属如何差劲，他试图安慰对方，结果一开口说了句：“别生气了，兵熊熊一个，将熊熊一窝。”那位朋友听了一愣，再也不开口说话了。而我这位朋友，忙尴尬地赔不是。

事实上，我这位朋友说得没错。下属无能，其实就是自己无能。在老板面前抱怨下属无能，更是直截了当地告诉老板——我能力不够。

当我的副手跟我抱怨下属能力不足时，他们常常会说：“这项工程本来可以按时完工的，是我们的员工不行，执行力太差。”或者说：“他们永远不能跟我步调一致。”还有人说：“现在的年轻人真是差劲，工作不认真，还喜

欢偷懒，一言不合就敢跟你吵起来，真是一代不如一代。”他们抱怨的内容，上到下属的工作态度、工作方法、执行力，下到员工的性格特征，甚至个人习惯等。

每当这时候，我往往会打断他们的抱怨问一句：“那么，你有没有想过，这些问题到底是怎样产生的，你自己有没有责任呢？”

在我看来，没有带不好的兵，只有带不好兵的将军。下属身上的很多问题，比如工作方法、执行力等，本身就是管理者一手造成的。这时候，他们反过来跟我指责下属，这一行为本身就是应该指责的。在发现下属身上存在问题时，他们应该做的是反省自己的管理方式，看看哪些方面有问题，而不是向我抱怨下属的缺点。

在我看来，你的抱怨可以分为两种情况：

第一种是抱怨属实，员工的确存在这样那样的问题。那么，你自身有没有责任呢？首先，我们招聘的所有员工都有一定的试用期，在试用期内你如果认为他不合格或者身上有很大的缺点，可以选择拒绝接受他。既然你认为他合格，那么你自己是否有识人不明的责任？或许你会说，他们刚来的时候工作态度很端正，可是现在越来越差。那么，是什么原因让一个原本工作态度良好的员工变得懒散？管理者是否应该负直接责任呢？再者，员工工作态度出现问题，难道你不应该及时纠正，帮他们改正？所以，员工身上出现的所有问题都与你有关系。你抱怨他们，等于在向我指责你自己。

第二种情况是你的抱怨与事实不符。那么，既然你的下属本身没什么问题，你为什么要跟我抱怨他们呢？要么是为了掩盖你自己的无能，为业绩不好找借口；要么是为了推卸责任，试图掩饰自己的缺点和错误。虽然人类的确有迁怒他人和推卸责任的本性，但我不认为这可以作为借口来解释这种行为。所以，不管是哪一种情况，首先你就犯了推卸责任的大忌，不仅表现出自己的无能，还显示出缺乏责任心。这种抱怨，只会让我对你

印象恶劣。

我常常会跟那些抱怨下属的管理者说这样一句话："坐在管理者的位置上，你们就失去了抱怨的资格。尤其是副手，你既不能抱怨上司，更不能抱怨下属。你能做的，唯有反省自己而已。"

虽然这听起来很让人沮丧，但事实就是如此。虽然是副手，你同样是管理者，同样是团队负责人，那么下属的问题自然就是你要解决的问题。下属身上存在问题，就意味着你的工作没有做到位，不是吗？如果你对体育有一点点了解就会知道，西班牙的皇马球队一旦成绩不好，首当其冲要追究责任的是教练。同样道理，员工有问题而且始终不能改正，那么只能说明管理者不够出色。

当下属的表现不能让你满意时，你应该做的是解决问题。直接告诉下属他们应该怎样做，而不是向老板抱怨他们多么差劲。这时候，你让老板怎么回应？他没有理由跟你一起抱怨公司里全是无能之辈，他也不可能自己接过本属于你的管理职责。所以，你的抱怨不会有用。更何况，抱怨本身就是一种消极的表现。

在我看来，只有一种情况你可以跟老板适当抱怨下属，那就是当下属阳奉阴违、拒不执行工作安排，同时你拥有上司的信任和支持，而且能拿出强有力的证据时。这三者缺一不可。否则，即便你的抱怨收到了效果，上司帮你训斥了下属，你也只是赢得了"惨痛的胜利"，伤敌一千，自损八百。

总而言之，在自己的能力没有充分得到老板的肯定时，当自己没有充分的证据证明下属无药可救时，千万不要在老板面前抱怨下属。因为没有一个老板愿意看到麻烦不断，没有一个老板不愿意看到自己的团队欣欣向荣。所以，别拿自己的无能去打扰老板，你要做的只有证明自己的能力，让他觉得你是有价值的。

4. 在员工面前，老板永远是好人，你可以是坏人

有一次看新闻时，无意中看到这样一个镜头：某家著名大企业因为产品出现质量问题，引起了公众的广泛关注。镜头上，一群记者围着一个铭牌上写着副总经理的管理者采访，但面对记者的逼问，他的回答是："这些事我不清楚，我们总经理在，你们直接去问他吧。"记者倒是放过了他，可是我相信，事后，总经理不会轻易放过他的。

为什么呢？这小小的一幕、一句话就反映出他做人做事存在的问题。一个副手，在公众面前，在下属面前，必须维护老板的形象。他这句话一方面是在把麻烦引向老板，另一方面还隐藏着这些信息：这些问题不是我的责任，所以我不清楚，但我们总经理清楚，所以这是他的责任，你们去问他吧。一个这样的副手，不仅仅老板不喜欢，同样也不是企业需要的合格人才。

主观意愿上，我相信没有人愿意做坏人，老板是这样，你也是这样。可是，如果一定要有人做坏人，扮演"黑脸"时，这个角色非你莫属。因为，在一个团队里，老板处在金字塔塔尖的位置，他要拥有至高无上的权威。他越有威望、决策的正确性越高，下属的信心也就越强。所以，维护老板的声望是副手的职责。

我刚做副总经理的时候，有一次，某个项目组的员工有一些在规定范围之内的差旅费用需要报销，项目组的领导拿给我请求审批。事实上，按照制度，这些费用不在报销范围之内，项目负责人应该直接回绝，不应该呈报给我的。但他在把单据和审批单拿给我时，强调了很多理由，比如他们这次出差真的特别辛苦，而且出差去的地方比较偏远，很多小店没有发票等，所以只好拿别的明细不合格的发票前来报销。我也出过差，知道他说的情况的确

存在，而且算了算，他们需要报销的差旅费用总额并不高，只是平均水平。于是就没有当场驳回，而是答应他考虑考虑。

当我把这件事向老板请示时，他一口拒绝了，理由是："制度就是制度，没有什么借口。今天我给他们报销了，明天别人也来找我怎么办？就不能开这个头。以后别拿这种事情耽误我的时间。"我心里其实是有一点儿委屈的，但也不得不承认他是对的。

那接下来，我该怎么向员工回复呢？如果说我请示过老板了，老板不同意，那么我会是好人，老板是坏人。可是，我做好人是以不讲原则为代价的，而我本来应该是坚持制度的。倘若我让老板做那个坚持原则的人，让他做所谓的坏人，会非常不妥当。我不能让下属认为老板不讲情面，在乎那几千块钱。所以，我只能告诉项目负责人，这样报销是不合制度的，所以我不能签字。假如觉得这部分费用应该给员工报销，就从他们项目组的奖金里支出。

如果你曾经有过这种经历，一定知道，做坏人的感觉并不好受。可是作为副手，有时候这是你不得不承受的。你必然要得罪很多人，如果所有的责任都是老板的，员工都觉得老板不是一个值得追随的人，不肯努力工作，那么即使你是个好人，又有什么用呢？

当然，这里所谓的坏人，不是无原则无道德的坏人，只是在出现利益冲突，或者要承担某些责任的时候，我们要勇于做那个被埋怨、被责怪的人。

既然我们接手了副手这个位置，就注定了自己与正职是绿叶与红花的关系。我们的作用是把红花映衬得更加娇艳。用我认识的一位华尔街精英的话来说就是："你要站得比他高，但是你要弯腰行动，让任何人都看不出你比他高。"这个道理，我花了很久才真正在实践中体会出来，不知道你是否能迅速做到呢？

任何管理的过程，往往都是一个平衡各方利益的过程，必然会得罪人。这时候，为了整体利益，如果有必要，我们副手一定要勇于替领导承担部分责任，维护他们在下属心中的位置。这不是所谓的政治权谋，而是老板和管理者之间的权责问题。理论上来讲，一位不肯替领导承担必要责任的人，是不适合做副手的。

既然是老板的左膀右臂，你就应当在他们考虑不周的时候进行提醒，哪怕这会让下属不喜欢你；要在老板推行某些决策遇阻时，挺身而出为他们保驾护航，哪怕会触及某些员工的利益；当老板工作出现失误时，尽可能地帮他分担压力，巧妙地帮其分忧纠正，等等。

5. 上级的指示，先说 OK，然后做做看是否 OK

想想看，假如你是老板，安排工作时，你的副手却说，这样做不行，并且一二三给你列举了很多条理由，你会觉得心情舒畅吗？虽然你明知道对方这样做是为了整个团队的利益，但是从情感上还是不大好接受。

再者，还没有开始尝试，你又怎么能确定老板的决定一定不 OK（好）呢？你和老板的视野不同，考虑问题的角度也不同，你们对信息的占有程度也不同。所以，当你认为老板一意孤行的时候，或许自己也失之片面。

多年前，当我还是部门主管的时候，有一次部门举办一场活动，最后要给客户赠送一些小礼物。当时我的助理给出的建议是买一些精美的水晶饰品，被我一口否决了，我让她准备一些纪念币。她的表情很明显是不赞同，但什么都没说，我也没说什么。两天之后，我告诉她订购某套新出的纪念币，她说，自己已经订了别的，定金都已经付了。我直接让她退货，她当场跟我说不能退货，否则不退还定金。听她说完，我只是淡淡地重复了一句，找他们退货。她悻悻地离开了。过了一会儿，讪讪地过来告诉我，说商家同意退货。

事实上，因为客户大多是老年人，所以我知道水晶饰品不合适。商家还没有开始发货就可以退换。而这位年轻的助理不清楚状况，只是根据自己的想法判断。所以，很多时候，当你觉得上司的意见不妥时，是否考虑过其合理之处?

你要先相信老板有他的聪明和智慧，而不是只要看到他的意见与你不同，自己的想法又有充分的依据，就认定他的意见没有道理。事实显然不是这样。

假如你认定上级的指示是错误的，如果按照指示去办一定会劳民伤财，完全没有必要花费巨大的代价去证明上级的错误，那么这时候也先不要着急说NO（不），你可以试着向优孟学习。

优孟是春秋时期楚庄王的一名宫廷艺人。有一次，楚庄王的一匹爱马死了，楚庄王很伤心，要用大夫的礼节厚葬它。群臣都说不行，楚庄王根本不听，还说谁再劝阻就杀了谁。这时候，优孟跟楚庄王说：“大王这样做没问题。但是，大王这么喜欢这匹马，只用大夫的礼节安葬它太寒酸了，我们应该用君王的礼节来安葬它。”接着他继续阐发，“我们应该用美玉做棺，让各国君王都前来护卫等，给它一个无比隆重的葬礼，让全天下都知道大王是多么看重马而轻视人。”话说到这里，优孟的意思已经非常清楚了，楚庄王也看到了固执己见将会带来的后果。于是，他自己下令把马交给厨房处置。

我们知道，优孟的地位是非常卑微的，那么多地位尊崇的臣子劝谏都没用，他说不行恐怕更是行不通。但在众人中，只有他对楚庄王的决定说OK，然后顺着楚庄王的意思，让他看到这项决定的后果，让楚庄王自己判断到底可不可以这样做。只要楚庄王不是一个完全昏庸无能之人，就一定能认识到自己的错误，主动撤回命令。

这种做法之所以能奏效，原因在于，当我们对老板的决定说OK的时候，会瞬间赢得老板的认同，他认为你是支持他，跟他站在一起的。在情感上更加接近之后，你再合情合理地描述遵照这项指示做事，事态将会怎样发展，大家一起得出最终会出现的结果。在此过程中，最好让老板自己意识到他的指示有不妥之处，而不是显示出你比他高明很多。

说到底，事实是最有说服力的。而针锋相对的话，往往会起到反作用。所以，先对老板的指示说OK，然后在合适的时机，让他意识到不OK之处，效果会好很多。

但是我想要提醒大家，假如你的老板真的屡屡出现决策失误，却又不肯听从大家的意见，非要撞了南墙之后才回头，那你可以考虑换一个老板了。

或许你对这种不得不总说OK的现状不满，你希望企业中能有充分的民主，针对工作的一切事情都可以开诚布公地谈。但在你所生活的这个时代，它的游戏规则就是这样。既然你开始玩这场游戏，就必须尊重游戏规则。在你没有到达巅峰之前，在你可以改变规则之前，就必须尊重现有体制，尊重现有体制下的领导者。只有这样，你才能在这个体制下生存下去，为自己赢得实现人生价值的机会，为自己赢得到达巅峰的机会。

6. 你不是唐僧，向上汇报要简明扼要

看过周星驰电影中唐僧形象的人，一定对其印象深刻："哎呀，悟空你也真调皮呀，我叫你不要乱扔东西呀！哎，乱扔东西是不对的……哎呀，我还没把话说完，你怎么把棍子也给扔掉了？月光宝盒是宝物，乱扔它会污染环境。哎，砸到小朋友怎么办？就算砸不到小朋友，砸到花花草草也不好嘛！"

在电影中，这种折磨死人不偿命的长篇大论起到了很好的喜剧效果。但在实际工作中，倘若你这样跟上司汇报工作，除非他幽默感超强或者心情超好，否则一定会对你有负面评价。

我曾经有一位副手约翰尼，他的专业技术能力谁都不会否认，可是我对他的沟通技能相当不满。这不，他是这样跟我汇报工作的：

“您出差的这段时间，一共有这些事发生：第一，公司最近有一些人员变动，而且还比较大，写代码的丹尼辞职了，因为希望换一个新的环境；前台露丝要嫁人所以也辞职了。我们已经在着手招聘接替他们位置的新员工了，有几个通过初试的人选还不错，稍后我会让人事把资料给您送过来。哦，对了，另外财务部门的安妮似乎也有离职倾向。这是人员变动情况。第二是上个月的民主考评情况。我把汇总表给您拿过来了。您看看，总体表现是不大让人满意的，因为大家没有拉开差距，这样根本起不到考评的效果，奖惩也没有太大意义。我认为这是大家对考评这一工作本身不够重视，在给别的同事打分时敷衍了事。已经请各位部门主管对这一问题进行反省了，并且让他们帮员工认识到公司这一举措的意义，不要让这一本身很有价值的工作变成纯粹的形式主义。您有时间的话，也请关注一下这个问题。还有就是……”

他跟我汇报工作时往往就是这样的，他拿着一份材料滔滔不绝地念着，而我要快速反应才能搞清楚他都说了哪些事，需要我做什么。

你曾经遇到过这样汇报工作的下属吗？或者，你就是这样向上司汇报工作的吗？用托尔斯泰的话来说：“人的智慧越是深奥，其表达想法的语言就越简单。”所以，当你给上司的是这样长篇大论、没有重点、没有主次的汇报时，只会让他怀疑你的能力。

我们生活在一个讲究效率的时代，越是重要人物，时间越是宝贵。如果每件事情都事无巨细地向领导汇报，或许能说明你工作认真细致，但简明扼要，更能体现出你的归纳能力和逻辑思维能力。所以，在向上司汇报工作时，我建议大家这样做：

1. 明确汇报的目的。

在汇报之前，我们一定要明确这次汇报自己到底想达到什么目的，是想让老板了解近期工作的开展状况，还是需要他的某些支持，抑或是需要他做出决策……总之，目的一定要明确，否则很有可能让老板抓不到重点，不知道你到底想做什么。

2. 要精心选择汇报内容。

领导能给你的时间有限，我们要在有效的时间内提供最重要的信息。如果要汇报的日常工作内容非常多，我们就要考虑哪些是不必要的。在你自己职权范围内的小事就没有必要多费口舌。一般来说，你可以考虑汇报三个方面的内容：一个是领导最关心的；一个是你自己最得意的；还有一个就是特殊事件。不同层级的领导关心的问题、需要了解的信息、思考问题的角度都不同，所以我们要根据上司的个人偏好和工作内容决定具体的汇报内容。

3. 条理清晰，抓住重点。

我在汇报工作时，通常会列出一个提纲挈领的大纲，把每一部分汇报的内容都用一句话总结出重点来。这样在汇报时，我就可以条理清晰地告诉老板，我今天汇报的内容一共有以下几部分，分别是哪些。然后，我还会把汇报内容分清主次，列出优先级别，只讲重点，因为面面俱到很容易分散上司的注意力。比如，我会先讲结果，再列出原因。

4. 不必就某一问题做过多解释。

在汇报工作时，牢记不要长篇大论，要在尽可能短的时间内把要汇报的内容简明扼要地告知领导。那么，就一定要减少废话，尽量让每一句话都有分量。所以，如果不是出现特殊情况，没有必要针对某一问题进行过多的解释。

5. 灵活把握汇报的详略。

总体来说，我们的汇报要尽量简洁。但假如在汇报过程中，上司对某一内容格外感兴趣，这时候我们可以较为详细地重点汇报。

7. 聪明的副手给老板出选择题，笨的则会制造问答题

我在美国的时候，凯玛特公司（Kmart Corporation）还是美国的第一大零售商。但从其他管理者那里，我曾听到过一个关于这家公司管理层的故事。所以，当 2002 年我回国之后听说这家零售业巨头申请破产保护时，我没有太惊讶。冰冻三尺非一日之寒，从我听到的那个故事中，就可以预见到今天的结局了：

那是在一次会议上，一位部门主管认为自己犯错误了，就问身边的经理，自己应该怎样改正。而这位经理也不知道该怎么办，就向他的上司汇报，请求指示。结果，一个部门主管身上小小的问题，就这样被一层层推到了总经理那里。

在我看来，这种情况太可笑了，如果把问题推给上司是这家企业的惯例，那么迟早会出问题。首先总经理会疲于应对各种无关紧要的小事，从而没有时间精力认真考虑重大决策；其次，基层员工和管理者都不肯积极思考问题的解决方法，而是踢皮球似的把问题推给上司，这是对工作负责任的表现吗？如果公司中都是这样的员工，企业早晚要关门大吉。

我那位沟通能力不强的副手约翰尼在这方面也做得不好。他往往会长篇大论地向我描述问题，比如上个月人员流动频繁，都有谁谁离职了，是出于什么原因，任何细节都不会遗漏。这时候，我一般会问他：“你有没有考虑过，为什么这个月人员流动这么频繁？应该采取哪些措施？”

对我关心的这些问题的答案，他则支支吾吾答不上来：“为什么会这样，我也在琢磨原因。只是最近比较忙，我还没有来得及和部门经理以及相关员工详细沟通。而且，我也想听听你对这件事情的看法。”

我的回答只能是：“你只告诉我出现了这些情况，存在这些问题，却没有调查原因，我都根本还不清楚问题是怎样发生的，你让我怎么拿出措施？我要的是答案，是结果，是解决办法，不是对问题的描述。所以，请抓紧时间把这个问题调查清楚，把你的想法和解决方案拿给我。”从我的回答中，显而易见，对他处理问题的能力并不满意。

简单来说，作为副手，老板要你做的工作内容包括汇报工作、提供解决方案、等待批示意见等。你要向他提供可备选的方案，而老板要做的是选择题，不是问答题。所以，你要把各种可能的答案都拿给他，然后让他做选择并且修正。在你没有想清楚、没有做好充分准备之前，不要去找老板，否则只会被他认为无能。

虽然副手不可以自作主张做出决策，但是也千万不要以为什么事情都可以请老板出面。我们一定要记得，老板要的不是“存在什么问题”，而是“怎样解决问题”。否则，事事都要上司想办法，都要老板出主意，要你这个副手干什么呢？你在企业中的位置，绝不仅仅只是传令兵。

你的领导越繁忙，你的职位越高，你要做的决策和判断也就越多。一般来说，假如你是基层员工，可以把问答题丢给自己的主管。但假如你已经是主管，要向经理汇报，就必须同时有自己的想法和处理意见。而如果你处于经理层，要向更高层汇报，就更要简洁清晰，最好让他们做选择题，顶多三选一。

老板喜欢你向他汇报，让他能掌握团队的整体状况，但他不会希望你经常敲开他办公室的门问问题。假如在问题面前，你没有拿出解决方案，那就意味着你在逃避问题，而不是积极地想办法解决。老板会认为，你这是在推卸责任。反正按照老板的意见去做准没错，即便出了问题也怪罪不到自己头上。假如你是老板，会喜欢这样“聪明”的下属吗？

在老板看来，“请您出面”以及“您看怎么办”的潜台词就是：“这件事很麻烦，还是您来帮我们解决吧。”如果所有麻烦都要老板亲自解决，他还需要你这个副手吗？只有最笨的副手才会把问题都留给老板解决。

所以，出现问题时，我们都要尽快准备好多套方案，并且将每一套方案的优缺点都罗列清楚，如果上司需要，就一一为他们列举。与此同时，你也要有自己的倾向或主张，然后列举理由争取上司同意你的主张。但最后一定要表示，请上司做出取舍。

8. 在企业里，你可以“不站队”，但不要“站错队”

虽然每一家公司都有或明或暗的规则，禁止团队内部拉帮结派、成立小团体，但这种现象依然屡禁不止。之所以会这样，是因为不管是出于生存需要，还是发展需要，小团体都能让人迅速找到归属感和认同感。于是，“站队”成为很多人躲不掉的一个问题。

虽然你是管理者，但并不是站在巅峰的那个决策者，所以依然会面临这个问题。就像古代的臣子总会在皇子中押宝一样，很多管理者也会在上层领导者之中选择一个作为自己的靠山。但是，就如同臣子押错了宝只有死路一条一样，在职场站错队的下场也会很惨。所以，不用我强调，你也一定清楚，站队问题事关重大。

有一个年轻的管理者跟我讲过他自己的故事，他是靠自己的学长帮忙引荐才进入那家公司的。开始上班之后，他自然而然就跟学长站在了同一战线。在学长的帮助下，再加上工作表现的确出色，他很快就升任部门小主管。春风得意的他觉得自己特别幸运。

当然，他也发现公司其实是分成两个阵营的，分别以自己的学长和一位跟他同级别的副总为首。显然，这两位副总都在盯着总经理的位置。他也曾想过，万一另一位副总当上了总经理该怎么办呢？但公司所有员工都知道他是学长的人，他也别无选择，只能坚决支持学长，同时尽量不得罪另一位副总。

最终，总经理的任命通知下来了，另一位副总胜出，自己的学长依然是原职，之后很快就跳槽到别的公司了。这时候，他一下子觉得自己变得孤立无援。跳槽吧，暂时也没有合适的单位。思前想后，他决定向新任总经理示好，自己虽然不是他的阵营，但一直相当配合他的工作，也没有得罪过他。于是，他私下邀请总经理吃饭，但是被拒绝了。从此以后，总经理对他客客气气，不冷不热。虽然没有人故意为难他，但别人都升职了，唯有自己停滞不前。他知道，如果继续在这里工作，自己短时间内是很难改变这种尴尬的局面的。

听了这位管理者的故事，相信大家很快就能指出他的错误：一开始不该站错队，后来不该做墙头草。他一开始站错队是身不由己，就像很多人一样是被站队，但后来的行为则是不可原谅的。因为墙头草是职场大忌，没有人会喜欢。站错队仅仅是选择和运气问题，而墙头草则是人品和做人原则问题。如果出现这种行为，必然会给职业生涯带来致命的影响。

我的意见是，世事难料，最正确的站队就是不站队。既然我们不能保证自己能准确判断，那就尽量不要去站队。因为不管你多能干，站错队之后，再站回来的可能性都不大。最稳妥的做法是努力工作，树立自己的职业品牌，提高自身实力。只有这样，你才能在险恶的竞争中生存下来，因为大不了你可以换一个工作环境，只要你有金刚钻，就不愁揽不到瓷器活。

而且，从眼前利益来考虑，尽管不属于任何派别会让你享受不到小团体的温暖和特殊照顾，但中立的你很可能是其他团体争取的对象。只要你做事谨慎不出错，一般也不会遇到什么麻烦。一旦遇到高层领导变动，即便你不是他的人，不会获得格外垂青，至少也不会因是敌对阵营的一分子而受到冷遇。

但当站队成为不可避免的事情、眼看不选择一个队列就无法生存，而你又想继续在这家企业工作时，我们一定不可以盲目选择，要用长远的眼光综合分析各方“队长”的实力，选择一个自己认为获胜概率最大的队列。但与此同时，你也必须做好最坏的打算，万一自己选错了队伍，该怎样全身而退。

一般人的度量都不像宰相一样能撑船，他们几乎不可能对昔日对手的心腹委以重任。所以，即便你已经选择了队伍，也注意不要太高调，不要成为自己阵营中最抢眼的那一个。否则，一旦队长失势，你会首当其冲被波及。

万一最糟的情形发生，我们真的发现自己所在的一队失败了，也不要以为这是世界末日，还是要尽职尽责做好本职工作，努力展示自己的人品和能力。这时候，尤其注意不要左右摇摆，假如试图更正自己之前站错队的行为，那只会是错上加错。

Part 9

如何管理一家公司是一个很大的话题，而且不同行业、不同规模、不同性格的管理者，所需要的管理策略与管理手段各不相同。我不能给你一劳永逸的方法，也不能给你一个普遍适用的万能公式，但我可以告诉你，假如你想把一家公司管理好，就一定要注意一些最根本的、最容易被忽略的、最容易犯错的问题。

终 极 篇：

如何管理一家公司？

1. 好的制度刺激人，差的制度也能“刺激”人

和世界上很多美妙的事物一样，制度也是一把双刃剑。如果使用得当，它可以成为企业管理的法宝，让一切都有章可循，让工作有条不紊地展开。但倘若它本身就制定得不合理，那就只能把一群狮子变成绵羊，甚至会把优秀人才赶走，让企业遭受重大损失。

这一点我深有体会，相信大家看了下面的例子之后也会有同感。

有一次我在法国旅行时，受朋友之邀去参观一家油画“工厂”。没错，巴黎的油画工厂林立，那些工厂里有一个个画室，画家在那里“生产”油画。我之所以这么说，是因为老板会为这些画家规定生产任务，这一点不像我们想象的那么浪漫。

只是，我应邀参加的这家工厂是其中的佼佼者，它的绘画质量明显比较高，而且产量也要比同样规模的工厂高。为什么会这样呢？是因为他们雇用的画家格外出色吗？也不见得。因为画家换了一批又一批，这家工厂却一直保持着优势地位。

朋友告诉我，诀窍在于，别的工厂都按天结算，要求画家每天完成一定数量的画作，因为长久以来，大家都是这么做的。而这家工厂不同，是按月结算的。虽然它们要求的总量相同，但效果迥异。因为虽然这种绘画匠人运用的色彩很浓，跟凡·高那样的艺术家创作不同，但油画毕竟是艺术品，这些画家也和普通工人的劳动不同。他们需要灵感，需要激情，需要状态，否则虽然也能画出来，但质量没办法保证。于是老板干脆规定按月结算，这样，

这些画家状态好的时候就可以多画，没有状态的时候就可以休息，因而质和量都相当让人满意。

道理看起来非常简单，但偏偏很多管理者总是“当局者迷”，他们或者看不清企业现状，或者因循守旧不肯制定更科学更合理的制度，从而让差的制度“刺激”员工，让员工失去工作热情和积极性。

我曾在国内一家大型企业管理人事。入职之前，我就先找来公司的规章制度阅读。边读边忍不住赞叹这些制度制定得非常严谨漂亮。不过，我也注意到其中一条不起眼的规定：公司所有基层管理人员在正式上班之前的五分钟之内，站在打卡室两侧向公司每一位员工问好。当时我皱了皱眉，不过想了想，它的初衷也是好的，只是不知道实际效果怎样。

上班第一天，我就见识到了这一制度造就的盛况。只见站在打卡室的主管和部门经理们，一个个冷着一张脸，站姿显示出他们尽管已经习惯了但仍然感觉不安。他们用不带温度的声音，机械地说着“你好”。而那些打卡的员工更是尴尬，他们几乎都是匆匆打完卡逃也似的离开打卡室。我也一样，一秒钟都不想在那个气氛沉重的屋子里多待。直到那一天下班的前一个小时，我都没有从打卡时的不快中缓过神来。于是，我突然明白了，为什么这家著名企业的业绩平平。如果企业所有基层管理者和员工每天都是这样尴尬不安，甚至充满怨气地开始一天的工作，他们的效率能高到哪里去呢？

打听之后我明白了，原来前任人事主管是位日本人，这也就难怪了。在日资企业，员工和管理者见面后，彼此鞠躬、郑重地打招呼都是非常正常的。但中国人并不习惯这样，虽然那位日本主管的初衷非常好，但这项制度在当今的中国显然并不适合。它虽然得到执行了，而且看似只是小小的礼仪问题，但实际上对整家企业的运营都有着至关重要的影响。

制定制度，最重要的是这些制度到底有没有用，能不能用。而制度的具体效用，一定跟企业的内外部环境密切相关。

想要让制度的刺激作用是正面的，而不是让人跳脚的，那么出台制度之前，管理者不能只凭借以往的经验，也不能闭门造车，拍拍脑袋想出一些理论上完美的条款，我们必须征询一线管理者和员工的意见。

很多创业者会发现，自己带着几个哥们儿白手起家时一切都好好的，可是公司有了规模之后，相应的管理制度渐渐完善了，却出现了好多管理问题。是制度还不如人情管用吗？当然不是，良好的企业管理制度才能造就好的业绩，如果它不能发挥积极效用，一定是制度本身或者相关企业文化有问题。

很多企业在制定制度时，会向世界500强看齐，参考它们的规章。但事实上，适合自己的才是最好的，我们一定要结合企业实际，向同一行业领域同等规模的企业学习，既学习它们的长处，也要避免出现它们犯的错误。而且，在制度执行过程中要注意总结问题，适时进行修改和完善，从而让制度为管理工作发挥最大效用。

2. “居安思危”的思想，不如“居危思进”

在谈及企业管理时，人们常常喜欢说“居安思危”，但在我看来，“居安思危”不如“居危思进”。因为，在不进则退的竞争中，哪里有什么“安”？我们时时刻刻都处在“危”中，只是有时候你没有看到那潜藏的危机罢了。

倘若你认为自己本身就处于危险之中，那么只要保持良好心态，一般都能获得较好的发展。就像后面有只狼追着，只要你不放弃，一定会跑得比平时快一样。这时候，你只要考虑如何进取，不断学习，让自己能够后来居上。但不管怎样，真正身处险境的滋味都不好受，所以，避免这种局面真的出现，才是管理工作应该着力做的事。

你认为自己的企业现在很成功、很安全吗？今天活得好好的不是成功，因为还没有经历狂风暴雨的检验。在经历过重重险阻之后依然充满生机，这才是成功。拥有在危机面前泰然自若的冷静和一系列严谨科学的危机处理措施，拥有在层出不穷的新秀冲击下屹立不倒的能力，这才是安全。那么，你现在依然觉得自己的企业安全吗？

在给管理者们做培训时，我常常会用“狼来了”的故事做例子。我们都知道，一开始，当那个放羊的小孩子开玩笑地喊“狼来了”时，大家全都信以为真。为什么呢？除了因为他们相信小孩子的人品之外，还因为他们每一个人都非常清楚，自己生活的地方真的有狼。就像不管你们多相信我，现在我大喊狼来了，你们也不会相信，因为你们知道在这座钢筋水泥结构的写字楼外面，不会有狼出现。即使出现了，也不会对你构成多大威胁。但村民们则不然，他们肯抄着棍棒严阵以待，说明他们非常清楚，狼对他们来说是危险的，应该提防。

后来，放羊的小孩儿连续喊了三次狼来了，狼都没来。当狼真的来了时，村民不再相信小孩儿的话，结果孩子和羊都被吃掉了。寓言在告诫我们，做人要诚实。可是，从管理者的角度来看，小孩儿喊叫“狼来了”难道不是一种提醒吗？狼可能真的会来，没有强大自保能力的小孩子直接暴露在危险中，这种局面难道大人们无须反省？在明知道自己所处的环境存在极大的安全隐患时，不肯采取积极的防范措施，直到付出重大代价才确定“狼真的会来”。这样的惨剧，是不是一直都在现实中重演呢？

即便你所处的行业领域看起来很景气，即便你的企业是其中的出类拔萃者，也依然要记得自己身处危险之中。也许是由于专业的原因，我对这一点体会异常深刻。在技术日新月异的今天，知识更新的速度飞快，没有一家企业可以在所处领域的所有技术问题上都占尽优势。而我们永远不知道，哪一个小小的细节会让我们马失前蹄。就像当年的IBM一样，当它沉浸在大型电脑的丰厚利润中时，没有看到人们对小型电脑的需求正日益强烈，于是不得不付出惨重代价。

你能想象有人曾经对通用电气公司的首席执行官杰克·韦尔奇说过“外面有成千上万的年轻人在等着将你们除名，你们这些又大又肥、麻木不仁的家伙，你们就坐在那里等死吧”这样的话吗？是真的，真的有人这么对他说。那是1999年，三部曲公司的年轻专家们说出了这句振聋发聩的话。接下来，英明的韦尔奇马上为通用电气公司的高管都请了网络顾问，他自己拥有特权，请了两位老师学习。这一举措，让通用电气公司在随后到来的电子商务大潮中从容地分得了一杯羹。

想想看，这个世界上潜在的危机太多了，哪怕是大西洋的一场飓风，或者地球另一端的地震、洪水、海啸，都有可能因为蝴蝶效应给你带来极大的影响。更何况实际工作中时时刻刻都有可能出现的工作失误、制度缺陷呢？

这些不可避免的潜在危险，都是确定无疑存在的。而我们所能做的，只能是在这无处不在的危机中如履薄冰、小心谨慎地走好每一步。我们要对身边的环境保持敏锐的嗅觉，始终拥有审时度势的自觉性，在变化到来之前就主动应变。

一个在发展得风生水起的时候依然能保持强烈危机感的公司，将会拥有长久的生命力。因为它有难能可贵的清醒，就会有同样的智慧拥有完善自己的力量。它知道，与其坐等别人逼迫自己奋起，不如主动否定自我，提升自我。只有这样，才能临危不乱，让那些危机转化为帮自己发展的商机。

3. 发现问题的能力比解决问题更重要

爱因斯坦曾经说过：“提出一个问题往往比解决一个问题更为重要，因为解决一个问题也许只是一个数学上或实验上的技巧问题。而提出新的问题、新的可能性，从新的角度看旧问题，却需要创造性的想象力，而且标志着科学的真正进步。”对科学家来说，发现问题意味着科学的进步。而对企业家来说，发现问题意味着企业的进步。

如果把公司比作一个人的话，要想保证他的健康，我们要从两方面努力。一方面，保持良好的作息和生活习惯。对企业来说，就是要有完善的制度和工作流程，确保正常运营。另一方面，当人感觉不舒服的时候，要去看医生，先诊断患了什么病，然后对症下药。企业也一样，当运营或业绩出现状况时，我们必须迅速判断出是哪一个环节出了问题，这样才能有针对性地制订解决方案。否则，乱吃药是要出大问题的。

当然，我们都知道，如果在问题刚刚萌芽就被扼杀甚至防患于未然，能把损失降到最低限度，甚至不会有什么损失。但偏偏人们只愿意相信自己看到的，总不愿意正视那些尚未给自己带来切肤之痛的隐患。于是，不管是人还是企业，都不得不付出或大或小的代价来解决问题。

我们都知道华佗是一名神医，他在年轻时就已经非常有名了。他还有两个哥哥，也是医生。有一天，有人问华佗：“你们家三兄弟谁的医术最高？”华佗说：“大哥的最高，其次是二哥，我的医术最差。”对方不明白，就问他：“您为什么这么谦虚呢，谁不知道您的医术天下闻名？”华佗是这样回答的：“因为我大哥总是在人们还没有感觉到自己身体不适的时候给人治病，所以人们不知道他有多厉害。我二哥是在人们刚刚出现疾病征兆的时候给他们医治，所以人们也不知道他的医术有多高明。而我是在人们病情非常严重的时候医治，所以人们认为我有起死回生的能力。事实上，我和两位兄长相比，医术还差得很远。”

现在，大家应该明白为什么华佗会这么说了。在你尚未察觉时就发现潜藏的问题，然后防患于未然，这才是最高明的医术，也是最出色的管理。

所以，作为企业的管理者，我们要欢迎各种问题。所有问题，只要被提出来了，就不可怕，因为我们可以针对它探讨解决方案。最可怕的是，我们

根本没有意识到问题的存在，没有问题就是最大的问题，发现不了问题才是最大的问题。

中国有句俗话："成绩不说跑不了，问题不说不得了。"在世界500强企业中的很多管理者都认同，发现问题很多时候比解决问题更重要。比如，本田公司坚持了六十余年的管理方式是"发现问题，抓住问题，解决问题"，看似平淡无奇，但要做到并不容易。简单来说，他们是这样做的："当一台机器不能正常工作的时候，就要及时发现问题，并找出机器不能正常工作的原因，只有这样才能找到问题的根源，并且迅速解决问题。"

在你的企业中，每天也一定会发生无数问题，那么有没有一些细小的问题被你不假思索地忽略了？或者，在你解决完问题之后就如释重负地再也不理会它了？也许，那些被你轻易放过的小问题，就是日后关系企业生死的大事。也就是说，企业日常运营中出现的任何问题，我们都不该忽略，而要弄清它的成因。因为我们的工作流程中，很多问题有相似性和相关性，所以每一个问题的发现都有很大价值，这可以为你节约很多成本。

在发现问题之后，解决问题之前，假如我们可以深入思考，可能就会发现其他尚未察觉的问题，这样才能让企业不会出现大问题。不是吗？所以，想要发现问题，最重要的是提高观察和思考能力，多问几个为什么，多从不同角度思考，这样才能既发现问题，也对问题的严重性和利害关系有更清晰的认识。

身为企业的管理者，我们要做的，除了自己保持思维活跃、头脑清醒，努力发现问题之外，尤其注意不要"讳疾忌医"，要欢迎公司的所有成员提问题，尤其是一线的员工和管理者，他们对企业日常运营中的问题有最直接的感受，往往能够提供非常有价值的信息。

4. 让员工实现价值，企业获取剩余价值

在马克思主义政治经济学中，“剩余价值”是一个核心概念，用恩格斯的话来说：“资本家所雇用的每个工人都在做两种劳动。他的工作时间一部分用来偿还资本家所预付给他的工资，这一部分劳动，马克思称为必要劳动。但在此之后，他必须继续工作，而在这段时间内，他为资本家生产剩余价值。”回顾资本主义的发展历史，在第一次工业革命中，在英国的棉纺织业里，许多工厂成为残酷剥削工人血汗的工厂，整个社会发展转折的过程，资本家获取巨额利润的过程，伴随着严重的剥削与压榨。

那么，今天呢？在今天的企业中，我们想要获取更多利润，是否也要这样做呢？

你知道答案一定是否定的。虽然根据马克思的观点，资本主义生产的实质就是剩余价值的生产。所以，企业要想获取更多利润，必然要让员工生产出更多剩余价值。但现在我们早已进入了第三次工业革命，脑力劳动的比重越来越大，劳动的复杂程度日益提高，不必也不能通过延长劳动时间和增加劳动强度这种简单粗暴的方式来压榨工人的剩余价值。我们完全可以通过帮员工最大化地实现个人价值，让企业获得更多剩余价值。

需要注意的是，我们不需要对“剩余价值”这一概念过分反感。作为企业管理者，其实你也是在为整个社会创造剩余价值。而且，你为整个社会创造的剩余价值越多，你的个人贡献就越大，人生价值也就越高。因此，当我们帮员工创造更高的人生价值时，他们同时也会为企业带来更多剩余价值。也正是因为这样，美国 UPS 创始人才做出了这样一个著名的论断：“照顾好了员工也就等于照顾好了利润。”

在我看来，让员工实现他们的个人价值，企业要做的就是为他们提供一

个发展平台，提供一个上升的空间，给他们一展所长的机会，并且挖掘他们自身的潜力。

有一次，公司一位员工递交辞呈，部门经理拿着辞职报告前来征求我的意见，我问他怎么看，他说他打算同意，因为对方骄傲自大，是个很难管理的刺儿头。可在我的印象中，这个年轻人不是那样的。他是半年前刚刚大学毕业时来到我们公司的，面试时我对他印象深刻，小伙子基础扎实，很有思想也很有干劲，我对他颇有好感。怎么这才半年他就要辞职了，而且经理给他如此负面的评价？于是，我打算亲自找他谈谈。

这位二十出头的小伙子非常坦率，开门见山地告诉我："我对你们非常失望。本来我是冲着这家著名企业的招牌来的，我希望自己能为它工作，希望它能给我一个空间实现自身价值。但是，这半年来我发现，自己根本不是为整家企业工作，而是为经理工作。经理看好的课题就可以优先获取各种资源去研发，只要意见跟他不同，就一概被否定。我还偏不服气了，没有他的支持我自己照样研发系统，而且我自认为还相当成功。但结果呢，他对我的成果根本理都不理，而且还语出讽刺。既然这里不需要我的才智，那我只好另觅良处了。"

听了他的话，我感到非常吃惊，一方面极力挽留这位小伙子，另一方面在调查确认之后请这位经理自己辞职了。然后我开始改革人事制度，让公司内部的岗位每一位员工都可以自由竞聘，主管无权干涉。同时随时欢迎员工敲开我的门或者给我写信，与我沟通。

毫无疑问，企业和员工是在同一条船上的，员工个人发展得越好，意味着企业越繁荣。所以，我们一定要努力为员工的上升扫清一切障碍，努力保护他们的工作热情和创造力，努力把他们的积极性调动起来，这样才能让他们把自己想干的工作干好。

除了给员工合适的位置让他们发挥才能之外，我认为另一个重要的原则是采取种种管理措施，营造一个公正、充满信任的工作氛围。公正的必要性相信大家都清楚，而信任则不一定，所以我想强调一下。身为管理者，对员工要充满信任，哪怕是小小的细节，都不可忽视。

还是在美国的时候，年轻的我曾在一家著名化妆品企业担任主管。有一次，我看到调色师正在为香水调色，我随口说了一句："这香水颜色怎么这样？"没想到，那个年轻的美国女人仿佛受到了极大的侮辱似的，站起来正色回答我："先生，第一，这款香水的颜色还没有最终方案，确定之后我会请您过目，现在您大可不必担心；第二，我是专业的调色师，如果您不信任我的专业水平，可以请别人调配；第三，这款是女士香水，只要女人喜欢它的颜色，肯花钱去买就可以，而您是男人，可以不喜欢。"被抢白了一通之后，我尴尬地道歉离开了。

我相信中国的员工很少有人敢这么坦白地"冒犯"自己的上司，但我想，他们心里一定也是这样想的。而这件事给我的教训是，我应该完全信任我的员工，因为哪怕是并无恶意的怀疑，也会让他们受到打击，所以，放手让他们去做，而自己只要全力支持就好。

假如在管理企业时，你真的能做到最大限度地让员工发挥个人价值，也就做到了最大限度地利用下属的能力为自己创造剩余价值。至于具体该怎么做，我提出了两点建议，而你自己，可以根据企业的实际情况进行补充与完善。

5. 一个优质客户胜过一百个劣质客户

很多管理者在看总结、听汇报的时候，总是会为客户量的增加而欣喜不已。诚然，企业的利润来源越来越多当然是好事，可随着客户量越来越大，我们该怎么对待这些客户呢？我们应该对所有客户一视同仁吗？在客户开发时，我们也要对所有客户花费同样多的成本吗？

我的态度很明确，我们应该对客户“区别对待”。很多管理者认为，所有的客户都是我们的上帝，不应该对他们进行区分。而且，有些客户虽然现在不能为我们带来利润，但将来也许可以，或许他们还能为我们介绍别的客户。

这些想法很美好，只是事实往往不是这样。我们要为每一位客户提供优质服务，一点儿没错，但这并不意味着你就不可以将客户分类进行管理。至于劣质客户转化为优质客户，不是不可能，只是可能性比较小，与维护、培养优质客户付出的成本相比，将劣质客户转换为优质客户的代价太大，不是最优选择。所以，我不会强烈建议你这么做。

倘若你拥有无穷的时间和精力，事情要简单得多。但问题是，企业的时间、精力都有限，所以我们必须要把有限的资源用在最值得的地方，让它们带来的利益能够最大化。

多数管理者应该听说过“二八定律”，它在管理和生活中都非常有用。根据这一定律，企业80%的利润是由20%的优质客户带来的，所以，我们也要把80%的精力投入到20%的优质客户身上。倘若我们能给这部分客户提供更贴心、更有针对性的服务，提高他们的满意度和忠诚度，他们就可以为企业带来源源不断的利润。

而且，大家都知道，开发一个新客户要比维护一个老客户多花费大约六倍的成本，所以大部分企业都很重视客户关系管理，努力留住老客户。只是，你有多努力呢？根据二八定律，如果你能比以往多维系5%的老客户，就可以让利润增加一倍。现在，你是否对维系优质老客户的重要性有了更深的认识？

从整体和长远来看，一百个劣质客户也比不上一个优质客户。所以，我们怎么可以允许自己因为把注意力放在劣质客户身上而忽略了优质客户呢？

只是，大家要先思考一个问题，在你看来，什么是优质客户？或者说，对你的企业来说，具有哪些特征的客户才是优质客户？

现在市场上有各种评价体系和工具帮助大家评价客户对自己的价值。一般来说，给客户分类我们会采用三种指标：第一种是单一指标，我们可以根据交易额、所获利润、交易次数等指标来确立分类标准，这种操作方法简单但有很多弊端；第二种是进行权重分析，为每位客户计算出他们的综合价值，然后将他们分类，位于金字塔塔尖的当然就是优质客户；第三种是采用客户价值积分卡进行衡量，由于它可以兼顾客户的现实价值与潜在价值，所以越来越受欢迎。只是，我们要知道，不管采用哪种评价方式，得出的结果都只可以作为参考。对优质客户的划分，最终还要管理者结合企业自身实际得出结论。

一般来说，我们至少要考虑这些方面的因素：交易量、是否喜欢不断更换合作伙伴、是否对与本企业的合作感到满意、对其他客户的影响、所在行业的竞争激烈程度、未来可能出现的变化、为企业节约的成本，等等。那些认可企业的价值，具有较强、较持久的合作能力，能为我们带来更多潜在客户，减少运营成本的客户，往往就是优质客户。

尤其值得注意的是，并不是所有的大客户都是优质客户。

在我的管理生涯中，有一次刚刚上任就帮一家企业剔除了一个伪优质客户。这家公司有一位非常重要的客户，因为它去年曾经为企业带来了单笔最大收益，成交额也是整个年度中最高的，因此，一年多来，企业一直花费高额成本来维护这个大客户，光差旅费、提供的额外服务等计算下来，已价值不菲。问题在于，已经一年零九个月了，这位大客户再也没有光顾过，在此期间，它也没有与我们的竞争对手做过生意。

为什么会这样呢？调查之后我发现，这个大客户因为业务范围过于广泛，正在渐渐停止多元化发展的步伐，悄悄削减了一些业务。而我们公司的服务正好在其中。得知这一信息后，我果断决定，放弃这个一次性大额客户，

因为它对我们的赢利价值非常低。

很多企业都会犯这样的错误，因为没有看清楚事实，一直在赔钱维护与一些大客户的关系。事实上，我们不应该因为客户“大”就一味让步，丧失原则，否则，这种纵容会把原本潜在的优质客户变成自己的包袱。我们也不要因为客户“小”就冷落忽视，而是应该在研究其潜在价值之后再做决定。

总之，我们要做的是，对客户进行科学、有效的分类，尽力留住老客户，尤其是老客户中的优质客户。同时也要努力培养更多优质客户，果断放弃劣质客户，这样才能迅速为企业提升利润空间。

6. 利益联盟是“打出来”和“谈出来”的

不管你的企业多么强大，具有多强的绝对优势，都不大可能始终处于垄断地位，因为这种垄断随时可能会被打破，所以你必然是要面对竞争的，差别只在于竞争对手的多少和竞争激烈的程度。那么，你是怎么对待竞争对手的？我们先来看两个故事。

乌龟和兔子赛跑，看谁先到达终点。路途遥远，它们要跑过长长一段路，还要跨过一条很宽的河。比赛了很多次，它们各自有输有赢：因为兔子跑得快，但面对河水就一筹莫展，乌龟可以游泳，却跑得太慢。后来，它们想出了一个办法，兔子背着乌龟在路上跑，到了河边，就由乌龟驮着兔子过河。就这样，它们到达终点的时间都缩短了很多。

另一个故事是关于两个人的，他们是两个卖酒的小贩，一起在集市上卖酒。等待客人的过程中，俩人因为无聊竟然划起拳来，规定赢了的就喝对方一勺酒。看到对方喝自己的酒，输了的那方非常不甘心，就这样，他们一直不肯停下来做生意。你一口我一口，很快，其中一个小贩的酒桶空了，另一个小贩见到这种情形非常高兴，自己终于打败了对方。可是一看自己的酒桶，也已经见底了。

在和竞争对手争夺市场的时候，你的形象更符合上述故事中的哪一个？显然，龟兔要比两个酒贩聪明多了。我们在经营企业的过程中，不可能避免竞争，而竞争必然会有对立和冲突，倘若我们因为过分沉迷于和对手争斗而忘记了自己本来的目的——获取更多利润，那么只会和对手两败俱伤。即便胜利，获得的也是惨痛的胜利。

倘若你是一个理性、睿智的管理者，一定会明白，当你把精力全部用在挡别人的路或者给别人设置障碍时，自己也很难前行。你“掐死”了一个强大的对手，会有千千万万相对弱小的对手因为你的举动而崛起，从而冲到你的前面去。那些恶性竞争从长远角度来看，是损人不利己的行为，绝对不值得尝试。

美国商界有句名言：“如果你不能战胜对手，就加入到他们中间去。”正所谓“不打不相识”，很多时候，竞争对手恰恰是最好的合作伙伴。之所以能成为你的对手，意味着对方至少有相当的实力，而且一定有可取之处。那么，既然竞争的实质是为了生存，何不与对方合作，就像龟兔一样呢？与其和对方在争抢蛋糕上打得不可开交，何不一起联手把蛋糕做得更大呢？这样彼此都能获取更多利益，岂不是更好？

相信很多人和我一样喜欢披头士乐队，那么你知道这些天才是怎么联合在一起的吗？那还是在 1957 年，十五岁的保罗·麦卡特尼在一次小型演出中听到了当时还不为人知的约翰·列侬的歌。你以为他会大加赞赏吗？不是的，他批评列侬吉他弹得不好，歌也唱得不对。列侬当然很不高兴也很不服气，于是保罗弹了一段吉他，而且他居然记得列侬刚刚唱过歌曲的所有歌词。这让列侬大为惊讶，强烈的危机感油然而生。他知道这小子将来一定是非常难缠的竞争对手，与其让他成为对手，不如让他成为队友。于是，这对天才就这样成了音乐搭档。

所以就冲这件事，我一直认为，列侬不仅是音乐天才，也是出色的管理人才。因为，欣赏别人的才能，把潜在的、现有的、过去的对手变为队友，结成利益联盟，也是优秀管理者的选择。他们会在和对手“打”的过程中认清对方的优势劣势，然后“谈”出利益联盟来。

虽然结盟的各方都清楚自己需要别人的支持，以便进行资源整合、优势互补。但在结盟过程中，必然要对合作条款讨价还价。谁都希望利益分配对自己更有利，于是，如何商讨结盟的条款变得非常重要。

一般来说，与竞争对手结成的利益联盟主要有两种形式，一种是设立合资企业，双方各自拥有一定比例的股权；另一种是双方针对某个或者某些特定环节，比如销售、产品研发等，签订协议进行短期合作。不管采用哪种形式，我们都必须明确，这种谈判的根本是达成双方都满意的共识，而不是绝对公平。为此，在谈判时我建议大家牢记以下要点：

首先要弄清楚自己想要的是什么，对方想要的是什么。哪些是可以让步的，哪些是不能妥协的。对于自己的核心利益，绝对不可以轻易让步。可以用一些自己不在意但对方比较在意的条件来换取自己较为在意的利益。

其次要牢记，最关键的是结果和利益，而不是谈判时的立场和手段。所以对利益要坚持原则牢牢把握，但谈判过程则可以灵活，多表示出钦佩与赞赏对方的态度。

对于利益冲突问题，一定要与对方进行充分交流，弄清楚各自真正的需要，然后承认对方利益所在，在考虑双方最大利益的基础上找出解决方案，争取彼此都用最小的让步来换取最大的利益。在这个过程中，别忘了强调自己为满足对方利益所做出的努力。然后，在尽可能满足双方最大利益、维护双方共同利益的基础上，创造出双赢的解决方案，这样结成的利益联盟才是强大而牢固的。

7. 不要迷恋“魄力”二字，重要决策二十四小时之后再说

也许是为了显示自己有魄力，也许是觉得当场拍板显得特别潇洒，也许是因为真的性子急，我遇到过不少管理者，他们特别喜欢大笔一挥签署协议，或者掷地有声地立马宣布决议。在影视作品中，这似乎会让角色瞬间高大起来。但回到现实，当你要为自己的每一个决策负责时，还是不要为了追求所谓的魄力而急于做决定。

我知道这是一个快鱼吃慢鱼的时代，我知道做事要当机立断，但我更知道，越是紧急、重要的决定，越要慢慢做，因为越忙乱越容易出错。所以我向来提倡，非常重要的决策最好等二十四小时之后再说。这种“缓慢”不是形式，而是心态，这与举重若轻是同一个道理。正因为重要，所以心态上要放松，这二十四小时，就是给心理一点儿时间和空间。

在每一次做出重要决策之前，身为企业的经营者，我们必然会承受很大压力。这时候，很多人会为了解决问题而迅速做出决策，然后寄希望于一边行动一边修改决策，而不是给自己一点儿时间冷静、全面地分析问题。这一点，在白手起家的创业者身上体现得更明显。因为据我所知，很多创业者都有这种习惯，他们习惯了在行动中审时度势，依靠自身判断力随时对之前的决策做出调整。所谓船小好掉头，在公司规模很小时可以做到这一点，但是随着企业规模的成长，经营者难以自如地把握全局、调配资源，这种决策模式必然会出现很多问题。所以，倘若你的公司人数超过十人，就不要迷恋这种个人英雄主义的决策方式。

美国有一家吸尘器制造公司叫 Hoover。有一次，它的决策者为了促进商品销售，做出了这样一项决策：凡购买本公司商品者，均可按商品价格所在区间赠送相应价值的机票一张。这项促销措施刚出台就效果惊人，引来了无

数的抢购者，但大家可以猜想出来，赠品的价格也实在惊人。于是这家公司紧急叫停促销活动，可是没想到消费者不买账，于是这家公司遭受了舆论的极大谴责，引起了一场巨大的公关危机，差点儿导致公司破产。

所以，很多时候，决策是你做出来的，但它一旦出台，就不是你想叫停就可以停止的。我们能做的，只有深思熟虑之后再让它面世。管理学家西蒙说过一句话，管理就是决策，假如决策失误，所有努力都会白费。所以，对于重大决策，我们怎么能不慎重？

如果你是赌徒，做决策的时候只要拍拍脑袋凭着感觉就可以下注了，剩下的就交给上天。可你是企业的经营者，就必须集思广益，谋定而后动。一般来说，我在做决策时会遵循下面的步骤：

确定自己这一决策希望达成的目标；

发动团队力量，分析企业内外部条件，提出多种方案；

对各个方案进行可行性分析，列出各自利弊；

挑选出或者综合出一个最优方案，再次论证其可行性；

模拟验证或者请各个层级员工设想这一决策实施之后可能出现的各种情形；

做出决策，同时追踪其效果，及时控制偏差。

大家可以看到，在得出最优方案之后，我不会马上做出决定。不是不懂得当机立断，而是我太清楚，企业没有太多失败的机会。所以，除非是“马上救火”这类极端紧急的事件，否则对于重大决策，从基本确定到正式公布，我至少会给自己二十四小时的时间。因为，即便是最有经验的管理者做出的最深思熟虑的决策，也可能有百密一疏的时候。

所以，在这段时间里，我会找来两类人听听他们的意见，一类是没有参与制定这些决策的人，另一类是与这项决策没有利害关系的人。作为局外人，他们的意见会更客观、更中肯。当然，听取各方意见之后，最终我会做出自己的判断。这些意见最大的作用在于，有可能指出我认识的盲点，提醒我注意一些没有考虑周全的地方。我有可能会独断，但绝对不可以主观片面。

与此同时，我会反省自己在做决策时，是否受到心情的影响，是否受到个人喜好的影响，以确保自己真的足够客观。

在 2001 年哈佛商学院的开学典礼上，美国前财政部部长罗伯特·鲁宾作为嘉宾，给学生们了一个忠告，我相信大家也同样需要，那就是：虽然就个案而言，一些不够妥当的重要决策居然会成功，而一些深思熟虑之后做出的决策可能会失败，但是把它们放在一个较长的时间段里来分析，必然是思考更成熟、更严谨的决策，才能造就更出色、更稳定的业绩。

8. 成本是控制出来的，不是一刀就砍掉的

任何时候，企业的核心目的都是利润，而利润只有两个来源，开源与节流。所以，我相信每一位管理者都非常清楚要降低成本。可是，除了像葛朗台一样吝啬之外，是否还有其他节约成本的途径？为了降低成本，我们是否只要节约每一分钱就可以？

我曾和一个民营企业家谈起过成本控制问题。这是一家发展势头良好的公司，他兴致勃勃地说，自己大刀阔斧地砍掉了一些不必要的预算，比如不肯努力工作的员工、冗余的机构、库存以及一些固定资产，还把公司原本提供的咖啡撤走，只留下纯净水等。这些都为自己节约了不少成本。听他说完之后，我问他，除了砍掉这些，还有别的什么措施吗？

他一脸茫然地问道：“别的措施？”

我说：“假如你的公司一线工人月工资是四千元，他们在工作过程中发现，如果用一种稍微复杂点儿的操作方法，就可以为公司节省大量原材料，每个月至少能节约四十万元的成本。可是，使用这种更复杂的操作方法，他依然只能拿到四千块钱。那么你觉得他会告诉你存在这样一种方法吗？显然

不会！对不对？多一事不如少一事嘛。但是，假如你的公司有规定，谁能提出有效削减成本的建议，就会按照节约的金额给予一定比例的奖励。这时候，你觉得他会帮你控制成本吗？”

那位企业家听了之后一脸惊讶和惊喜，告诉我说，之前他从来没想过可以这样控制成本，在他的概念中，控制成本除了节约每一张纸之类的细节之外，就是要大刀阔斧地砍掉一些自己认为不必要的花费。

我接着问他：“那么，那些你认为不必要的花费真的就不必要吗？或者说，你是否想过，哪些节约的行为是错误的呢？”

看他一脸沉思，我接着说：“比如，把咖啡机搬走，把免费下午茶取消，把午餐的菜品种类减少，餐后水果也没了……这些都是削减成本的措施，看起来都是小事情，但你有没有想过会给员工的心理带来多大影响？要知道，福利一旦被取消，一定会影响士气以及员工对公司的信心。他们会觉得，公司已经穷到这种地步了吗？而他们心里的不满，会直接影响到工作状态和公司的日常运营。所以，这些开支的削减，是省小钱吃大亏。”

他点了点头，问我：“那我应该怎么控制成本呢？”

我会这样回答：控制成本不是节约的艺术，而是花钱的艺术。它不是一刀砍出来的，虽然这是最简单的方法，却也是最不负责任的做法。

你知道美国最赚钱的公司是哪家吗？是埃克森·美孚公司。不是因为他们卖石油，而是因为他们曾经有一个“成本为王”的CEO李·雷蒙德。这位著名的管理者以出色的成本控制闻名，和其他石油公司相比，他们的开采成本最低、内部损耗最少，所以为股东带来了巨额利润。但你知道吗？他可以每年投入六亿美元搞研发，他可以养一千五百名博士搞研究，花起这些钱来一点儿都不手软。所以你看，成本控制不是一刀切的，不是任何时候都应该节约的。

简单来说，和我们平时花钱一样，企业日常运营的成本也可以分为两类：一类是纯粹的花费，一类却是为了投资。倘若把用来投资的那部分钱省掉了，那无异于在阻止自己成长。但区分这两类成本并不容易，于是很多没有管理经验的人会努力削减员工福利、加班费、差旅费、办公用品等，其实这些都是资源性费用，如果资源匮乏，会导致员工积极性下降。而且，你很清楚上有政策下有对策，比如，当员工对差旅报销制度不满时，公司的差旅费只会增加，不会降低。

所以，在控制成本时，我们首先要避开成本陷阱。不要吝啬资源性开支，不要贪图便宜、因小失大。比如，你花一块钱买的铅笔可以用半个月，而花五毛钱买的笔芯总断，只能用三天，哪种更节约成本？对于此类资源性开支，我们要学会算账。

其次，不管你多想节约成本，都尽量要维持公司原有的福利水平，这会让你在竞争中更有实力。因为说到底，不管是利润还是开支，很大程度上都受到员工心情、态度的影响，而福利与他们关系密切。所以，我宁可裁掉一些该裁的员工，也要保留福利留住骨干人才。

然后，避免自己犯常见的、本能的错误。比如，在市场不太景气的时候，你打算省点儿钱，于是削减广告费用，少做一些营销活动。但事实上，大家都在这样做，这正是你抢占市场份额的好时机。

最后，成本控制需要全员参与，需要系统管理。我很欣赏李嘉诚先生说过的一段话："我未有幸在商学院聆听教授指导，但是我年轻的时候，最喜欢翻阅的是上市公司的年度报告书，表面上挺沉闷，但这些会计处理方法的优点和利弊、方向的选择和公司资源的分布对我有很大的启示。对我而言，管理人员对会计知识的把持和尊重、对正现金流以及公司预算的控制，是最基本的元素。"所以，学会看懂财务报表上的数字，而不是迷信自己感性的、大刀阔斧的削减，相信你的成本控制会收到更加显著的效果。

Appendix 1

卓越管理者的 100 个黄金原则

一、自我管理篇

1. 管理就是用合适的方法管人理事。

2. 经常救火、能够迅速灭火的经理不是一个好经理，保障不起火才是一个好经理。

3. 自己很忙不算高明，自己没事做但所有工作都在顺利进行，才是高明。

4. 不可以模仿别人的管理艺术，必须经由自己明智的判断采取行动。

5. “水至清则无鱼”，要有容人容事的度量，才能成为一个战斗集体的核心。

6. 授权就是复制自己，管理就是将你的事交由别人去完成，这样你就有更多的时间思考战略性问题，把大部分精力用在最有生产力的地方。

7. 尽管人的潜能几乎是无限的，但个人的精力是有限的。

8. 加强专业理论的学习，及时更新专业知识避免退化为外行。

9. 拓宽其他学科知识的学习范围，了解其他岗位的工作内容、所需要的知识技能。

10. 分享他人的经验，重视对行业内优秀管理者经验的学习。

11. 做主管有四大责任：为股东创造利润，为社会谋求就业，为员工谋求福利，为消费者谋求品质。

12. 把局部的问题放到整体、系统中去看，或许解决方法和方式会有很大的不同。

13. 目标要高，要有新意，不能只求安全和方便。

14. 经理的最大考验不在于经理的工作成效，而在于经理不在时职工的工作成效。

15. 管理者的一言一行，都必须兼顾临时之计和长远目标。

16. 没有创新，就不可能有合理的，尤其是有效的管理。

17. 在机会面前，谁第一时间行动，谁就会获取机会。

18. 记录每天的时间，记录比记忆更重要；列出每天要做的事情，管理消耗掉的时间。

19. 按照记录的时间，对任务按时追踪检查；按照记录时间，对承诺准时完成。

20. 能做到的事情马上决定，待做的事情记入日志，保留的东西立即归档，做不出决定的先扔掉。

二、团队管理篇

21. 管理的关键在于充分而有效地利用资源。

22. 资源本身所能达成的是有限的，唯有“有效性”才能将这些资源转化为成果。

23. 优秀的管理者不会让员工觉得他在管人。

24. 认真定义员工角色，确保职位符合员工的兴趣、价值和技能。

25. 帮员工拓展人际圈，找到公司中可以提供机会、指导、建议或能接触到不同圈子的人。

26. 帮助你的下属确定最有利于学习的机会。

27. 当遇到或涉及自己团队里的某些人会离开的选项时，请将公司利益放在首位。

28. 企业做大、做强，要靠每一位管理者、每一位员工素质的提高。

29. 管理者所能做的是把赌注押在所选择的人身上。因此，一定选择适当的人。

30. 真诚地说声“辛苦了”“谢谢”“你真棒”。

31. 由衷地赞美下属“这个主意太妙了”。

32. 拍拍下属的肩膀，或给他一个信任的眼神。

33. 在下属的生日或纪念日时，打个电话，或送一件小礼物，或发一条简短而温情的短信。

34. 员工具有可塑性，究竟是企业的成本还是资本，全看管理者如何调教。

35. 在分配工作时，先评估下属的能力，然后下达比该能力稍高的指标。

36. 安排工作时，要向下属正确传达计划内容、目的、及时性。

37. 随时不忘激励部属积极、迅速、切实行动的勇气，并不断鼓励他们。

38. 对某些部属特别偏爱，必使其他工作人员产生背叛，公平才可使你令人信服。

39. 上司公平的态度可使部下安心，奠定令人信赖的基础，所以不可偏私。

40. 常常强调“我们”的观念。如果有谁做错了什么，就是我们的错，团体的错。

41. 几乎所有能讲出来的离职理由，都并非离职的真正原因。

42. 千万不要忽略了闷声干活、默默工作的员工。

43. 多微笑、多表扬，努力为员工带来尊重和信任的感觉。

44. 创造真正平等的讨论环境，让所有人都习惯接受好的意见。

45. 为自己的下属提供足够制胜的资源，然后自己尽量不干涉他们。

46. 有疑问主动去找下属问，而不是让他们过来汇报或者写报告。

47. 对于异议和意见建议，一定不要不假思索就否定。

48. 你是来提供方便的，不是来做领导的。

49. 培养下属最好的方法就是不断地检查他的工作。

50. 你重视什么就检查什么，下属只做检查的事情而不做你希望的事情。

51. 没有经过培训的员工就是企业最大的成本。

52. 一家企业的竞争力是看其员工是增值的资产还是负债。

53. 绝对的公平是不存在的，只有公正，公正就是机会面前人人平等。

54. 降低企业内耗必须降低企业人员的摩擦，而人员摩擦就来源于权责不明。

55. 必须讲求时效、讲求绩效，任何人的苦劳和疲劳代替不了绩效。

56. 工资体系、考核体系、运作流程，是确保企业健康、稳定、规范化运作和持续发展的三大基石。

57. 发现合适的人，用合适的方法在合适的体制下，执行合适的策略。

58. 你可以不知道下属的短处，却不能不知道下属的长处。

59. 你能让多少人成功，就有多少人帮助你成功。

三、管理决策篇

60. 一个好制度让员工“被迫成功”，而一个坏制度则会让员工与成功背道而驰。

61. 不是我们没有制度，而是我们没有踏踏实实地去执行。

62. 战略的本质是抉择、权衡和各适其位。

63. 战略是通过大量的数据搜集、分析、整理，最后通过解剖、反复比较、优化得出来的。

64. 大多数的战略错误原因是细节没有做好，事先的调研、分析、解剖不到位。

65. 不仅要做大的决策，更要注意点点滴滴的管理。

66. 在采取任何步骤前，必须先做准确的判断，然后迅速付诸行动。

67. 一个企业家要有明确的经营理念和对细节无限的爱。

68. 意识到身为管理者的职责所在，一旦有必要，必须断然下命令。

69. 一项决策不是从搜集事实开始的，而是先有自己的见解。

70. 除非有不同的见解，否则就不可能有决策。

71. 任何报酬必须付诸行动才能获得，行动创造价值，赢得收获。

72. 千万不可随意改变方针，朝令夕改，做事毫无准则可循，一定会影响军心。

73. 两点之间最短的距离不一定是一条直线，而可能是一条障碍最小的曲线。

74. 多管理，少领导，一切以制度说话。

75. 你的决策不可以建立在个人好恶和兴趣的基础上。

76. 为了能拟定目标方针，管理者必须对公司内部作业情况及外在市场环境相当了解。

77. 切勿随便扼杀任何新的构想，只有容忍错误，才能够进行革新。

78. 要使决策能够在最需要的时刻，以执行者最易理解的手段和方式得到准备、通过和实施。

79. 监督是管理过程持续最长的一种功能，因为它是在执行决策的全部过程中实现的。

80. 未来难以预测，但可以用系统的方式，找出那些足以孕育未来的重大改变。

四、流程管理篇

81. 管理企业就像在烹调食物，大致上你会照着食谱做菜，但真正动手时必须用所有的感官，随时观察，随机调适，在“尝试错误”中，你会逐渐积累经验。

82. 认真做事只是把事情做对，用心做事才能把事情做好。

83. 永远向竞争对手学习，学习每一个先进的“细节”。

84. 热爱工作，尽自己所能力求完美，让周围的每一个人感染这种热情。

85. 凡是不愿意改进、不愿意在细节上努力的企业，必定被淘汰出局。

86. 管理者和工人的思想意识，很大程度上决定着生产、执行的状况。

87. 凡是精细的管理，一定是标准化的管理，一定要经过严格的程序化的管理。

88. 科学管理就是力图使每一个管理环节数据化。

89. 管理好的企业，总是单调无味，没有任何激动人心的事情。

90. 一个没有被预料到的事件可能引起故障，一个长久被忽视的问题可能导致一次危机。

91. 把细节做好，最重要的，第一是认识，第二是训练。

92. 只要观念落后，肯定思路落后，只要思路落后，肯定做事的方法就落后。

93. 精英团队有三个缺一不可的特征：强的执行力、强的创新力和强的整合力。

94. 创新无止境，创新的空间存在于每个地方、每个人、每件事上。

五、客户管理篇

95. 市场目标的确定不是以个人能力为限，而是以用户满意度为准。

96. 企业与竞争对手竞争的核心是客户，赢得客户的满意是最有效的策略。

97. 谦和的态度，常会使别人难以拒绝你的要求，这也是一个人无往不胜的要诀。

98. 当提供免费服务让客户感觉是一种习惯时，这种服务就不再是优势，而是劣势。

99. 多把注意力集中在不需要贵公司的产品或服务的客户身上。

100. 企业如果在市场上被淘汰出局，并不是被竞争对手淘汰的，一定是被用户抛弃的。

Appendix 2

世界 500 强团队建设的 13 个经典游戏

Game 1 红与黑

游戏规则：

1. 目的：将团队成员分为两个队，分别为 A 队、B 队，各自争取取得高分。

2. 程序：每轮每一个队有两种选择——红或黑，由主持者了解每一队每轮的选择，并告知得分，每队可根据上轮得分确定下轮选择。

3. 沟通：两队在第四轮选择后，征得双方同意，可进行第一次沟通，双方各派一名代表外出面谈，面谈时间为一分钟；两队在第八轮选择后，双方必须进行沟通，面谈时间为一分钟。两队除按上述规则可召集的面谈外，禁止其他沟通。

4. 得分计算：1）A 队、B 队均选红，各得 1 分；A 队、B 队均选黑，各减 1 分；2）一队选红、一队选黑，选红者减 3 分，选黑者加 3 分；3）第九与第十轮选择，得分乘 3 后计入总分。

点评：

1. 要取得长期利益，必须采取合作的态度。

2. 团体合作的基础是相互信任。

3. 信任来自于顺畅的沟通。

4. 信任一旦失去，难以补救。

Game2 无敌风火轮

游戏类型：团队协作竞技型。

道具要求：报纸、胶带。

场地要求：一片空旷的大场地。

游戏时间：10 分钟左右。

详细游戏玩法：12 ~ 15 人一组，利用报纸和胶带制作一个可以容纳全体团队成员的封闭式大圆环，将圆环立起来，全队成员站到圆环上，边走边滚动大圆环。

游戏目的：本游戏主要为培养队员团结一致、密切合作、克服困难的团队精神；培养计划、组织、协调能力；培养服从指挥、一丝不苟的工作态度；增强队员间的相互信任和理解。

Game3 蜘蛛网

游戏目的：

让队员们体会计划的重要性及团队合作精神。

操作程序：

1. 主持者先找一位领导及一位观察员，而后单独向领导交代任务并给他一份说明书：

· 全体人员必须从网的一边全部过到网的另一边；

· 在整个过程中，所有人员都不得触网；

· 每个洞只能被过一次；

· 顺利通过的获取最高分。

2. 由领导回到小组中传达主持者的指令。

3. 主持者及观察员开始观察小组在听领导分配任务时的反应，以及他们的计划能力。

4. 观察员记录小组在执行任务的过程中都出现了些什么问题，包括计划方面、沟通方面。

Game4 解手链

游戏人数： 8 ~ 12 人 / 组。

场地要求： 开阔的场地一块。

游戏时间： 15 分钟左右。

游戏目的： 锻炼新团队的沟通、执行及领导力。

游戏简介： 所有的队员手牵手结成一张网。队员们这时是亲密无间紧紧相连的，但是这个时候的亲密无间紧紧相连却限制了大家的行动。我们这时需要的是一个圆，一个联系着大家，能让大家朝着统一方向滚动前进的圆。在不松开手的情况下，如何让网成为一个圆？

Game5 众志成城

游戏目的： 让队员体会合作的重要，借团体合作与思考达到解决问题的目的，并体会个人在团体中的重要性。

游戏时间： 30 ~ 40 分钟。

道具要求： 报纸数张。

游戏规则：

1. 教练先将全部人员分成几组，每组约 10 人。

2. 教练分别在不同的地方（依组数而定）铺一张全开的报纸，请各组成员均站到报纸上，无论用任何方式都可以，就是不可以脚踏报纸之外。

3. 各组完成后，教练请各组将报纸对折，再请各组成员站到报纸上。各组若有成员被挤出报纸外，则该组被淘汰，不得再参加下一回合。

4. 进行至淘汰到最后一组时结束。

分享与回馈：

请各位成员围坐成一圈，讨论刚才的过程并分享心得。

教练结论参考：

1. 要取得团体的胜利，唯有通过合作才能众志成城。在团体中贡献一己之力，并取长补短，同心协力共同创造团体成功的机会。

2. 解决问题时可借团体合作与思考达到目的，每个人在团体中都有一定的重要性。

注意事项：

1. 注意成员安全。

2. 考虑异性成员一起参与的可能性，必要时可男女分组进行。

Game6 瞎子摸号

游戏形式： 14 ~ 16 个人为一组比较合适。

游戏类型： 问题解决方法及沟通。

游戏时间： 30 分钟。

材料及场地： 摄像机、眼罩及小贴纸和空地。

游戏对象：参加团队建设训练的全体人员。

操作程序：

1. 让每位队员戴上眼罩。
2. 给他们每人一个号，但这个号只有本人知道。
3. 让小组根据每人的号数，按从小到大的顺序排列出一条直线。
4. 整个过程不能说话，只要有人说话或脱下眼罩，游戏结束。
5. 全程录像，并在点评之前放给队员看。

有关讨论：

1. 你采用什么方法来通知小组你的位置和号数？
2. 沟通中都遇到了什么问题，你是怎么解决这些问题的？
3. 你觉得还有什么更好的方法？

游戏过程分析：通过自己创造的沟通方式，来迅速获得其他所有人的信息，你要知道其他所有人是比你大还是比你小，你让他人知道比你号大还是小的方式很重要。

游戏目的：很多时候工作必须进行沟通，但往往沟通会受到很大的限制。与队员的沟通占据了管理者大部分的工作时间，那么，你们与队员的沟通存在哪些障碍？

Game7 松鼠和大树

游戏人数：10 人以上。

材料及场地要求：无。

游戏时间：5 ~ 10 分钟。

操作程序：

1. 事先分组，三人一组。两人扮大树，面对对方，伸出双手搭成一个圆圈；一人扮松鼠，并站在圆圈中间；主持者或其他没成对的队员担任临时人员。

2. 主持者喊“松鼠”，大树不动，扮演“松鼠”的人就必须离开原来的大树，重新选择其他的大树；主持者或临时人员就临时扮演松鼠并插到大树当中，落单的人表演节目。

3. 主持者喊“大树”，松鼠不动，扮演“大树”的人就必须离开原先的同伴重新组合成一棵大树，并圈住松鼠，主持者或临时人员就临时扮演大树，落单的人表演节目。

4. 主持者喊“地震”，扮演大树和松鼠的人全部打散并重新组合，扮演大树的人也可扮演松鼠，扮演松鼠的人也可扮演大树，主持者或其他没成对的人亦插入队伍当中，落单的人表演节目。

游戏目的：在混乱中迅速找到你的合作伙伴，考察队员建立新团队的能力。

Game8 蒙眼三角形

游戏目的：使队员互助合作达成共识，完成低难度活动。

道具要求：粗棉绳一条、眼罩（依人数而定）。

游戏规则：用眼罩将所有队员的眼睛蒙上，在蒙上前先让队员观察一下四周的环境。然后，将双手举在胸前，像保险杆般保护自己与他人。目标是整个团队找到一条很长的绳子，并将它拉成正三角形，且顶点必须对着北方。完成时每个人都能握住绳子。

讨论：

1. 回想一下发生过什么事？

2. 各位是怎么找到绳子的？

3. 各位是如何拉正三角形的？

4. 想象和蒙上眼之前看到的差异大吗？其他人当时的想法如何？

5. 各位觉得绳子像什么？

6. 这个游戏和工作类似吗？

7. 游戏最有价值之处是什么？

8. 如果再玩一次你会怎么做？

注意：场地应选择在户外草地上进行，以免跌倒受伤。

变化：

1. 可以排列不同队形。

2. 绳子可以用尽（难），可以不用尽（易）。

Game9 瞎子走路

游戏方法：

两人一组（如 A 和 B）A 先闭上眼将手交给 B，B 可以虚构任何地形或路线，口述注意事项指引 A 行进。如：向前走……迈台阶……跨向东……向左或右拐……然后交换角色，B 闭眼，A 指引 B。

分析：

1. 通过体验，让队员体会信任与被信任的感觉。

2. 作为被牵引的一方，应全身心信赖对方，大胆遵照对方的指引行事；而作为牵引者应对伙伴的安全负起全部责任，对一举一动的指令均应保证正确、清楚。另外，万一指令有错，信任很难重建。

Game 10 两人三足游戏

游戏目的：体验齐心协力合作带来的快乐。

道具要求：绳子。

游戏方法：比赛开始前，各组参赛队员站于起跑线后。将参赛小组两人的相邻的腿绑住，位置不能高于膝盖部分，也不能低于脚踝，绳子必须绑在小腿上，并捆紧，如中途松开，应系好再前进。裁判发令后，各组队员站立式以三条腿向前跑，赛程为 30 米。以各组参赛队员两人捆绑足触及终点线所在垂直平面为计时停止，用时少者名次列前。

游戏规则：

1. 必须在起跑线后把腿绑好，不准抢跑。

2. 中途若有人摔倒，应立即停下来，等重新准备好之后，再接着跑，或者自动放弃比赛。

Game 11 驿站传书

游戏类别：团队项目（最适合做团队竞争项目）。

道具要求：若干笔、写好数字的字条、若干张白纸、秒表。

游戏人数：一组 10 ~ 20 人，2 组 ~ 8 组。

游戏时间：45 ~ 60 分钟。

操作过程：

每一支队伍坐成一列，从现在开始所有人口里不许再发出任何声音。然后，主持者会将一组信息交到最后一名队员的手中，请他在规定时间内将这组数字传递到第一位队员那里，第一位队员将自己得到的信息写到前面白板上，以准确和迅速为赢。

得分规则：

在准确的前提下以名次记分，按照先后顺序依次得分为4、3、2、1分（4支队伍的情况）；如果传输结果错误，记零分；后两轮得分加倍。每轮数字信息难度逐渐加大，由最简单的两位数到分数、对数、开方、小数等。（每组信息不同，最好是相同数字，但是顺序重新排列；最后一轮各组信息相同。）

游戏规则：

1. 椅子不动，人不能离开椅子，口中不能发出任何声音；
2. 头不能向后转；
3. 每轮结束后都可能增加规则。

每轮结束后的补充条款：

1. 不能使用现代化工具；
2. 不允许使用和传递任何工具；
3. 所有人不可从椅子上转身或起身，同时椅子不可移动；
4. 后面队友的手不能超过前面队友的纵截面；
5. 整个过程中不能发出任何声音。

注意事项：

1. 严禁使用尖锐的物品，活动过程中若是有较为恶劣的传递方式，主持人应根据情况予以提醒，随时注意场面控制，时刻大声提醒队员要遵守规则。

2. 队员传递过程中不得动作过重，尤其不得重击头部或掐、捏等。

3. 夏天不宜在太阳下操作，自然条件恶劣的情况下不宜让队员做该项目。

4. 在实施阶段不断提升信息的难度，在每轮结束后一定要留出足够的时间分组讨论。针对每一轮的变化，主持人应该注意积极或消极的人。

5. 第一次可以给一个难度中等的数字，数字最好有一定特点，如 2009、918 等。

6. 难以分辨的数字不要过多。

7. 可以适当给一次简单的意想不到的数字，以检验队员的应变能力和速度。

8. 不要轻易在数字上做手脚，根号和分数不要轻易使用，有问题都会是主持人的麻烦。

游戏目的：

1. 沟通的方式和必要性（沟通是团队建设的基础，任务完成的保证）；
2. 突破思维定式，充分地利用规则；
3. 团队学习的重要性以及经验的分享；
4. 信息的共享以及及时反馈的重要性；
5. 在特定条件下，让团队更好地做到有效沟通；
6. 提升队员各方面的信息传递和接收时的反馈能力；
7. 体验双向沟通和深度沟通，提升对沟通方法的认识。

Game 12 手指扶棍

游戏人数：10 ~ 15 人。

场地要求：开阔的场地一块。

道具要求：3 米长的轻棍。

游戏时间：30 分钟左右。

游戏简介：全体队员分为两队，相向站立，共同用手指将一根棍子放到地上，手离开棍子即失败。这是一个考察团队是否同心协力的体验。在所有队员手指上的同心杆将按照主持人的要求，完成一个看似简单却最容易出现失误的项目。

游戏目的：在团队中，如果遇到困难或出现了问题，很多人马上会找到别人的不足，却很少发现自己的问题。队员间的抱怨、指责、不理解，对团队危害很大，这一游戏可以提高队员在工作中相互配合、相互协作的能力，让他们意识到统一的指挥，加上所有队员共同努力对团队成功起着至关重要的作用。

Game 13 信任背摔

游戏人数：12 ~ 16 人。

场地要求：高台最宜。

道具要求：束手绳。

游戏时间：30 分钟左右。

游戏规则：每个队员都要笔直地从高 1.6 米的平台上向后倒下，而其他队员则伸出双手保护他。

游戏目的：每个人都希望可以和他人相互信任，否则就会缺乏安全感。要获得他人的信任，就要先做个值得他人信任的人。对别人猜疑的人，是难以获得别人的信任的。这个游戏能使队员在活动中建立及加强对伙伴的信任感及责任感。